DE L'ESPAGNE,

ET DES CONSÉQUENCES

DE

L'INTERVENTION ARMÉE.

PARIS.—IMPRIMERIE DE FAIN,
RUE RACINE, N°. 4, PLACE DE L'ODÉON.

DE L'ESPAGNE,

ET DES CONSÉQUENCES

DE

L'INTERVENTION ARMÉE;

PAR M. J. FIÉVÉE.

QUATRIÈME ÉDITION,

AVEC UN AVERTISSEMENT NOUVEAU, ET DES NOTES
SUR LES RÉSULTATS CONNUS JUSQU'A CE JOUR.

PARIS.

BAUDOUIN FRÈRES, ÉDITEURS.

LENORMANT PÈRE, LIBRAIRE.

PONTHIEU, LIBRAIRE, AU PALAIS-ROYAL.

1824.

AVERTISSEMENT
SUR LA QUATRIÈME ÉDITION.

Les événemens auxquels nous avons pris part depuis la fin du siècle dernier auroient dû nous donner des connoissances positives en politique ; car plusieurs fois le monde social a été à découvert jusque dans ses fondemens, et quiconque a voulu s'instruire n'a pas manqué d'occasions. Quoiqu'on puisse dire, avec raison, que nous sommes beaucoup moins ignorans, à cet égard, que nous ne l'étions avant nos troubles domestiques, la science que nous avons acquise nous profitera peu tant qu'on aura l'imprudence de décider des affaires de gouvernement par des opinions. Il y a, dans les choses humaines, un enchaînement de faits qui ne cède ni aux interprétations, ni à la violence, et qu'il faut étudier dans tous ses détails avant de prendre action ; autrement on s'expose à éprouver de terribles mécomptes. Il est si triste de n'apercevoir la vérité que quand elle devient un sujet de regrets et quelquefois de découragement ! C'est ce qui semble nous être arrivé à la suite des combats que nous avons livrés, et des dépenses que nous avons faites pour mettre un terme aux troubles qui agitoient l'Espagne.

On semble convenir généralement que nous n'avons pas atteint le but que nous nous proposions. Cependant, avant l'entrée de nos troupes en Espagne, je n'ai jamais entendu dire autre chose, sinon qu'il falloit arracher Ferdinand des mains des factieux et le remettre sur son trône. Nous l'avons enlevé au parti des Cortès, nous l'avons rétabli dans toute la plénitude de son pouvoir ; il en use ; l'Europe en est témoin ; de quoi donc se plaint-on ?

Si on vouloit quelque chose de plus, il falloit le savoir et le dire avant de prendre les armes ; car il étoit facile de prévoir que l'Epagne, li-

vrée à deux partis irréconciliables, éprouve-
roit, selon la belle comparaison que Luther
applique à l'esprit humain, le sort d'un homme
ivre qu'on ne redresse jamais d'un côté sans
risquer de le jeter de l'autre. Si on vouloit quelque chose de mieux, il falloit, avant de s'armer, essayer d'en faire la condition de notre
sang versé, de nos trésors dépensés, et des
dangers auxquels nous exposions un prince
français nécessaire à notre bonheur présent
comme à notre avenir. Alors on auroit su
s'il y avoit d'autres obstacles à vaincre que la
révolution armée; on auroit essayé d'apercevoir
où on pouvoit craindre de les rencontrer, s'il
étoit possible de les éluder, ou bien s'ils étoient
insurmontables. Toutes ces questions méri-
toient d'être traitées de loin et dans le silence;
mais l'esprit de parti s'empressa de les livrer à
des discussions publiques appuyées uniquement
sur des opinions, comme ces opinions elles-
mêmes n'étoient appuyées que sur des mots;
et, ainsi que je l'ai remarqué, les hostilités

étoient partout, avant même que le canon se fît entendre.

Dès qu'on fait appel aux armes pour décider une question politique, la raison doit se taire; car la force est la dernière vérité que Dieu ait laissée aux sociétés qui s'égarent, non pour les convaincre, mais pour les contraindre, et trop souvent pour les punir. Mon ouvrage de *l'Espagne et des conséquences de l'intervention armée* étoit à sa troisième édition, lorsqu'il n'a plus été permis de douter que c'étoit par la force que nous prétendions rendre aux Espagnols le repos et le bonheur. Quoique cette édition se fût enlevée aussi rapidement que les deux premières, je me suis dès lors refusé à en faire de nouvelles; de nouveaux faits, avec leurs conséquences, alloient s'amonceler sur les faits déjà accomplis; les événemens seuls prenoient donc le droit de démentir ou de confirmer ce qu'un simple citoyen, loin des affaires, ne peut jamais donner que comme des conjectures. Je ne pouvois offrir que les conséquences

probables de notre intervention ; mon intention
a toujours été d'en écrire les résultats ; mais le
temps est bien loin encore où on pourra les
connoître tous.

Il s'agit ici d'une question qui ne se renferme ni dans les droits du pouvoir, ni dans
les élans d'une nation vers la liberté. Le pouvoir ne fait pas la civilisation d'un peuple qui
n'en porte pas en lui-même les conditions ; et
les désirs de liberté ne sont qu'un malheur de
plus pour ceux qui les éprouvent, quand la majorité de leurs concitoyens est hors d'état de les
comprendre , ou qu'ils n'ont pas des intérêts
sociaux assez fondés pour qu'il soit possible de
les entraîner par l'instinct de leur bien-être.
Il n'appartient qu'à la civilisation de vaincre
les révolutions : aussi l'histoire prouve-t-elle
qu'après les dissensions civiles, les nations qui
n'en sont point anéanties, reparaissent et mieux
constituées et plus florissantes. C'est la civilisation seule qui a vaincu la révolution française;
et il fallait que la civilisation fût bien forte

chez nous pour obtenir ce triomphe, car l'ignorance et les passions révolutionnaires ont tout
tenté pour l'étouffer. Il n'en peut être de même
en Espagne : stationnaire par principe et par
habitude, le petit nombre de ceux qui ont des
lumières et des intérêts sociaux diminue nécessairement dans les combats qu'ils livrent pour
élever leur nation jusqu'à eux, et leur défaite
devient la punition de ceux-mêmes qui les ont
vaincus. Si, comme il est possible, l'Espagne
est le premier pays où la civilisation, qui ho-
noroit l'Europe, doit finir, comme elle est en
effet le premier pays qui ait renoncé à suivre
les mouvemens naturels de cette civilisation,
le vide qu'en éprouvera l'Europe sera la cause
de beaucoup d'autres désastres.

Déjà on avoue que plusieurs gouvernemens
étrangers ne se disputent si vivement la direction du cabinet de Madrid que parce qu'il est de
sensation publique en Europe, que l'Espagne
ne peut plus se gouverner par ses propres lumières et par ses propres forces ; mais, pour

qu'elle consentît à accepter une direction salu-
taire, il faudroit que les puissances qui veulent avoir action sur ce royaume s'entendis-
sent d'abord pour imposer une trève à tous les
partis. Cela seul présente une difficulté presque
insurmontable; pour y échapper, il faudroit
plus de pitié pour les malheurs de l'humanité
que n'en comporte la politique usuelle. Je ne
parle pas de la politique de la France, politique
à laquelle la postérité ne reprochera sans doute
que d'avoir mis la générosité au-dessus des calculs; mais la postérité remarquera aussi que
la même générosité s'est tournée vers les victimes, aussitôt que les passions de ceux que
nous voulions servir ont trahi nos espérances.
Il est temps que la France rentre dans ses intérêts directs, et s'y concentre, jusqu'à ce que
l'union de tous les partis qui nous ont trop
long-temps divisés, lui fasse connoître tout ce
qu'elle renferme de forces. Le Roi réunit tous
les sentimens; jamais vérité ne fut mieux
fondée et plus évidente; mais les opinions ne

se réunissent que par des doctrines. Acceptons franchement celles du gouvernement établi; nous ne pouvons nous en faire d'autres; et puisse le ciel nous donner un jour des ministres qui, dans un pays libre, ne luttent pas contre chaque individu isolé avec toutes les forces brutales d'une administration créée dans l'intérêt du despotisme; des ministres qui sachent que la constitution qui nous régit n'a parlé ni de bonne foi dans l'application des lois, ni de sincérité dans les paroles, ni d'esprit des convenances, parce que, sans ces conditions, toujours supposées, ce qu'il y auroit de plus ridicule au monde seroit de prendre la peine d'imprimer une charte. Pour toute nation faite pour de hautes destinées, les vertus et les qualités indispensables à la conduite des affaires sont certainement celles qu'on n'écrit pas.

En attendant, aucune considération ne s'oppose à ce que j'autorise une nouvelle édition de mon ouvrage sur *l'Espagne et les conséquences de l'intervention armée;* j'y ajouterai des notes dans lesquelles j'examinerai avec sincérité en quoi je me suis trompé, et, avec la même sincérité, en quoi ma prévoyance a été justifiée. Cette étude n'est pas sans intérêt; elle nous reporte aux espérances, aux craintes, aux opinions qui agitoient alors les partis en sens divers, et peut seule nous mettre à même de connoître ce que nous avons gagné ou perdu depuis cette époque. Les hommes qui aiment véritablement à s'instruire savent qu'il faut souvent revenir sur le passé pour être en état de saisir ce qui est en discussion dans le présent. Cette méthode ne convient pas à ceux qui croient que la meilleure manière de faire de la politique est d'empêcher que deux idées ne se joignent; mais ce n'est pas pour eux que j'écris. Depuis l'abolition royale de la censure, ils ne lisent plus. Il leur suffit d'avoir déclaré que l'opinion publique n'est plus dans la France, mais seulement dans les Chambres; oubliant que les Chambres ne font que l'opinion légale, et que lorsque la Chambre des Pairs repoussa

si prudemment l'incroyable opération de la ré-
duction des rentes, les journaux ministériels
furent chargés de dire que ce refus d'approuver n'était pas d'accord avec l'opinion publique.
Comme cela ne changeoit rien à la vérité, l'o-
pinion publique resta unie à l'opinion légale
de la Chambre des Pairs, et l'union subsiste.

AVERTISSEMENT
DES ÉDITIONS PRÉCÉDENTES.

———◆◆◆———

Beaucoup de gens considèrent sans doute une occupation qu'on s'est faite, comme un métier qu'on a pris : aussi ne pourrois-je compter les personnes qui, depuis un an, m'ont dit : « Pourquoi n'écrivez-vous plus? » La réponse étoit simple : « C'est qu'il ne me convenoit pas » d'écrire. » J'aurois pu ajouter : « pour le « public »; car depuis vingt ans j'ai l'habitude d'écrire pour moi les événemens dont je suis témoin, et les réflexions que ces événemens m'inspirent, tant j'ai peur de tomber dans la politique à la mode, qui consiste à isoler les faits, et à juger les affaires de ce monde comme si le monde recommençoit chaque jour.

A l'avénement du ministère actuel, composé en grande partie de mes associés au *Conserva-*

teur, quelques journaux ont voulu expliquer pourquoi je n'étois rien ; ils ont dit que ma vanité avoit été blessée, et que je boudois. J'ai gardé le silence. Si j'avois parlé de mon goût pour l'indépendance, de l'impossibilité physique que j'éprouve de vivre renfermé dans une ville, quand la saison permet de vivre en plein air, on se seroit moqué de moi. On m'auroit mieux compris, si j'avois rappelé que j'ai été juridiquement condamné comme ayant insulté directement le Roi, M. Marchangy s'étant alors chargé d'interpréter mes paroles comme il a depuis interprété les lois pour se faire élire député. Par une conséquence morale de cette condamnation, j'ai toujours cru que je ne pouvois accepter aucune place sans manquer aux convenances et à moi-même ; je le crois encore (1). J'ai jugé beaucoup de ministères, car nous en avons eu beaucoup ; n'ayant jamais

---

(1) Les raisons de convenances n'existent plus pour moi sous un règne nouveau, mais le goût pour l'indépendance s'est fortifié par l'habitude et les comparaisons.

manqué d'égards pour les personnes, je n'ai
jamais eu personnellement à me plaindre d'aucun ministre ; et si j'avois eu le désir de rentrer
dans l'activité des affaires, je l'aurois pu à
toutes les époques. L'avènement du ministère
actuel ne changeoit donc rien, et ne pouvoit rien
changer à ma situation comme homme privé.

Mes sentimens pour plusieurs des hommes
qui sont aujourd'hui ministres ont été publics,
car ces hommes ont été persécutés ; et je n'ai
jamais loué que ceux qu'on proscrivoit. J'ai
fait des vœux pour qu'ils justifiassent les espérances que faisoient concevoir à la France
constitutionnelle leurs qualités, leurs talens
et les doctrines de liberté légale que nous avions
professées dans *le Conservateur*. J'ai écrit
pour moi les circonstances de leur élévation,
et, parmi ces circonstances, la probabilité des
obstacles contre lesquels ils pourroient se briser (1). Si le cardinal de Richelieu revenoit

_____

(1) Ces obstacles se sont produits dans tous leurs déve-

au monde, malgré son génie pour les affaires, je suis persuadé qu'il ne gouverneroit la société actuelle qu'en entrant dans les conditions de cette société; on n'a jamais gouverné autrement, quand on a véritablement gouverné.

Un journal royaliste au plus haut degré affirmoit, il y a peu de jours, que le parti royaliste n'étoit pas exclusif, qu'il accepteroit même les hommes qui avoient servi sous Buonaparte, si ces hommes vouloient révéler le secret de sa puissance. Le secret de la puissance de Buonaparte est ce qu'il y a de plus public depuis la création du monde : « Tout gouver- » nement est fort de la masse des intérêts qu'il » réunit à lui, et foible de tous les intérêts que » les partis éloignent de lui. » Buonaparte s'est élevé au milieu de la révolution et de la guerre; il en a accepté les hommes, les intérêts

loppemens; je les examinerai bientôt dans un ouvrage ayant pour titre : *Situation de la France au commencement du règne de Charles X.*

et la gloire. Il a cru que la religion étoit une force sociale; il a fait un concordat avec le chef de la religion, sans livrer la France aux prêtres; au contraire, les prêtres s'étoient si complétement livrés à lui, qu'ils avoient mis, dans les catéchismes, que c'étoit un péché mortel de nier son pouvoir. Il a cru que le passé d'une nation étoit quelque chose pour son avenir, et que le malheur des familles nuiroit à la tranquillité générale; il a rappelé les émigrés qui sont rentrés en foule, non pour faire la loi, mais pour vivre selon les lois. Il a vu la force des nations modernes dans ce qu'on appelle la classe moyenne; il lui a emprunté tout ce qu'elle a de forces en lui ouvrant toutes les carrières. Il a laissé plus bas des espérances qui souvent ont été réalisées. Comme tous les intérêts actifs étoient autour de lui, il n'avoit contre lui que les opinions engourdies; ce qui n'a jamais arrêté la marche du pouvoir. Tel a été le secret de sa puissance ; ses passions l'ont perdu, et non les calculs de son esprit appliqué à l'art d'entraîner les peuples.

Ce qui étoit de lui n'appartenoit qu'à lui, et n'a pu se développer que par les circonstances dans lesquelles il s'étoit élevé. Les circonstances sont autres pour un pouvoir légitime ; ce qui signifie seulement que les moyens d'arriver au même but sont différens, sans pourtant être plus mystérieux. On ne peut gouverner maintenant la France que par l'assentiment des masses, et les masses ne peuvent se former que par des doctrines en rapport avec l'établissement politique fondé. Si les doctrines du pouvoir sont comprises par les intérêts actifs, ils se rangeront d'eux-mêmes sous la direction du gouvernement ; et on verra, comme en ce moment en Angleterre, jusqu'à l'Opposition s'arrêter et promettre son assistance aux ministres. La masse des intérêts sera toujours une base inébranlable pour le pouvoir qui saura les comprendre. Si au contraire les partis divisent ou alarment les intérêts actifs, s'il y a absence de doctrines, ou si les doctrines sont offensives pour un grand nombre, toute l'habileté personnelle des hommes du pouvoir disparoîtra ; car ils essaieront de gouverner la société dans des conditions qui ne sont pas celles de la société ; ce qui est impossible.

Depuis quelque temps, il y a plus de passions en France que d'erreurs ; ce n'est pas là faute du ministère actuel. Mais, à la manière dont les passions s'attaquent à lui, il lui seroit facile de préjuger comment elles s'attaquent aux classes, aux existences individuelles, combien elles blessent d'intérêts, de justes prétentions ; en se demandant où est le pouvoir qui rassure, il saura s'il y a motif de s'alarmer (1). On peut écrire dans l'espoir de dis-

(1) Le pouvoir qui rassure nous est venu ; mais ce pouvoir n'est pas ministériel ; il est royal, avec toutes les conditions nécessaires pour être sans cesse présent à toutes les affaires, à toutes les pensées comme à tous les yeux.

siper des erreurs; on laisse aux événemens à corriger les passions. J'aurais donc continué à me taire, si les journaux n'avoient voulu interpréter mon silence comme une approbation, dans un moment où la responsabilité des événemens me paroît si grande qu'elle ne peut être acceptée que par ceux qui sont chargés de les diriger.

Partisan du pouvoir et des libertés publiques, je ne les ai jamais séparés; et, puisqu'il faut que je m'explique, il me suffira de faire imprimer sur les circonstances qui occupent tous les esprits, ce que je croyois n'écrire que pour mon instruction particulière. Frappé de la grandeur des intérêts que la guerre peut compromettre, j'accepte le principe posé qu'il ne doit plus y avoir de neutres, et qu'on auroit mauvaise grâce à paroître se réserver la faculté d'arriver, après le danger, au secours du vainqueur. On ne m'a jamais rencontré, comme écrivain, que dans les rangs des partis souffrans. Il me rendront cette justice que j'ai toujours déclaré d'avance que je ne prétendois pas m'associer au triomphe. Il est vrai que je connois de longue date ce que c'est que le triomphe des partis; c'est le moment où ils se divisent, où les illusions les emportent pour les précipiter dans de nouvelles infortunes. Il est certainement plus facile, à un honnête homme, de les plaindre quand ils dominent, que de les abandonner quand ils sont abattus.

DE L'ESPAGNE,

ET DES CONSÉQUENCES

DE

L'INTERVENTION ARMÉE.

Il est naturel qu'on s'occupe beaucoup de
l'Espagne, au moment où ce noble pays paroît
de nouveau destiné à donner à l'Europe un
grand mouvement qu'elle semble redouter, et
vers lequel elle se précipite par les efforts
qu'elle prétend faire pour l'éviter; mais chacun veut juger l'Espagne dans la situation présente des choses, sans croire qu'il soit nécessaire de remonter aux antécédens pour connoître la véritable position de ce royaume, et par
conséquent quelles seront, dans la lutte qui
va s'ouvrir, les causes de sa force et de sa foiblesse.

Luther avoit distingué le pouvoir civil du
pouvoir religieux, et émancipé la royauté avec
l'applaudissement de quelques princes. Phi-

lippe II prévit fort juste quelles seroient un
jour les conséquences du protestantisme sur le
pouvoir absolu ; et, comme il ne concevoit pas
le pouvoir d'une autre manière, il forma le
hardi projet d'arrêter le mouvement des esprits parmi les peuples qu'il gouvernoit, de les
rendre stationnaires ; il échoua dans les Pays-
Bas, et réussit complétement en Espagne.

Il seroit curieux de rechercher les causes de
cette différence ; peut-être trouveroit-on que,
bien que le but et les moyens fussent les mêmes, la question étoit cependant posée d'une
manière diverse dans l'un et l'autre pays. Le
mouvement donné par l'industrie étoit tel dans
les Pays-Bas, qu'il falloit y faire rétrograder
les esprits pour les soumettre aux projets de
Philippe II ; il ne put y parvenir, parce que
cela est impossible. En Espagne, au contraire,
il ne s'agissoit que de fixer l'état de civilisation
tel qu'il étoit, ce qui n'est pas au-dessus du
pouvoir d'un prince habile, ainsi que l'événement l'a prouvé. Les circonstances d'ailleurs
étoient favorables. Les Espagnols étoient en
possession de cette gloire militaire qui satisfait
généralement l'orgueil d'une nation, et l'ac-
coutume à regarder le passé avec bienveil-
lance ; les richesses du Nouveau-Monde sup-

ploient aux ressources que les peuples ne se
procurent que par une grande activité ; et,
dans un temps où l'or et l'argent étoient con-
sidérés comme l'unique preuve de prospérité,
il étoit naturel que le peuple en possession de
mines précieuses se crût assez riche pour mettre de l'honneur à ne rien faire. La nation espagnole étoit portée vers le repos, comme s'y
porte volontiers tout homme dont la fortune
est faite. Cette situation, changée d'abord par
le système industriel des autres nations, est
tout-à-fait détruite aujourd'hui par l'émancipation de l'Amérique méridionale; et les Espagnols seront conduits à participer au mouvement progressif de l'Europe, sous peine de
cesser d'être. Ce premier motif irrésistible des
changemens qui s'opèrent dans ce pays doit être
mis en ligne de compte par la véritable politique ; quand le pouvoir absolu seroit la meilleure forme de gouvernement, et qu'avec des
baïonnettes on auroit remis les Espagnols sous
le pouvoir absolu, il resteroit encore à savoir
de quoi ils vivroient (1).

_____

(1) Cette question est la première qu'il faut examiner
quand il s'agit de décider le sort d'une nation qui a perdu
la source de ses revenus ; comme tout particulier qui se

En arrêtant le mouvement des esprits, Philippe II ne pouvoit prévoir que l'ignorance s'étendroit particulièrement sur les classes élevées, et que les hommes que leur naissance et leurs richesses placent naturellement à la tête de la société, aux manières près, tomberoient au niveau de la dernière classe. Quand il l'auroit prévu, ses desseins n'en auroient pas été changés, parce que la politique ne se

---

trouve dans cette position, il faut qu'elle se serve de son capital pour s'en faire un moyen de travail. Cette nécessité de rejeter dans la circulation le capital accumulé est si forte, que si l'Espagne parvient à faire des emprunts, on lui demandera une partie de son capital en hypothèque. Et c'est parce que les moines ne l'ignorent pas, qu'ils offrent de l'argent au roi quand les circonstances deviennent trop pressantes ; mais ils mettent des conditions à leur offrande, et ces conditions sont positivement celles qui doivent empêcher le travail de naître, et l'industrie de s'élever. Le parti qui triomphe aujourd'hui en Espagne est donc un obstacle de plus à ce que ce pays s'unisse au mouvement progressif de la civilisation de l'Europe ; par conséquent il est l'arrêt de mort de ce royaume. Plus il y aura d'Espagnols armés pour ce parti, plus vite s'en fera sentir la décadence ; car ces hommes, ne pouvant vivre sur les revenus de l'état, s'attaqueront à ce qui est capitalisé ; ils détruiront sans reproduire ; et, dans l'anarchie vers laquelle les pousse l'instinct de leurs besoins, rien ne

détermine que par les nécessités présentes,
n'agit que contre les dangers qui sont en face ;
c'est à ceux qui succèdent qu'il appartient de
voir les vices d'un système à mesure que le
temps les produit, et d'y porter remède. Sous
un beau ciel, que faut-il au peuple ? un peu
de nourriture et beaucoup de repos. Que faut-
il à ceux qui naissent avec tous les moyens de
jouir des douceurs de la vie ? du repos seule-

---

peut garantir qu'ils ne viendront pas un jour, en uniforme
royaliste , demander compte au roi de la misère de leur
patrie. Lorsque l'ignorance et les passions révolutionnaires travailloient chez nous à étouffer la civilisation , nous
n'avons su de même que disperser la partie des richesses
qui étoit capitalisée ; mais chaque victoire, remportée par
la civilisation sur la révolution , nous rapprochait de la
vérité ; et le travail et l'industrie ont fait prospérer jusqu'à
nos désordres. Aussi, quand il a fallu en solder le compte,
qui se montoit à quinze cents millions , et que nous avons eu
besoin de recourir à des emprunts , on ne nous a demandé
pour hypothèque que le mouvement progressif d'industrie
que l'Europe était venue admirer chez nous. Malheur aux
partis qui ne comprennent pas que la vie des peuples a
des conditions indépendantes des opinions, et que les opinions elles-mêmes cachent toujours des intérêts , quelquefois aussi des besoins impérieux. Les nations , com
les hommes, ont plusieurs manières de se débattre contre
les souffrances , la misère et la mort.

ment. Lorsque rien ne porte les esprits au mouvement, lorsque le système politique est tout
entier dans le stabilisme, il est tout simple que
ceux qui n'ont rien à désirer matériellement
s'arrangent de cet ordre social, qu'ils restent
étrangers aux connoissances qu'ils n'ont aucun
intérêt à acquérir, qui ne s'acquièrent nulle
part sans travail, et qu'en Espagne il auroit
fallu chercher à travers des obstacles qu'aucun
sentiment personnel n'excitoit à braver. Aussi
le gouvernement espagnol est-il resté en dehors
de la nation comme en dehors de l'action de
l'Europe ; la nourrice et le confesseur y avoient
plus de part que les Grands de l'État. Dans les
gouvernemens absolus, on dit *la Cour* pour
exprimer l'ensemble de tout ce qui compose
le mouvement du pouvoir ; mais en Espagne,
où le mouvement étoit interdit, on se conten-
toit de dire *la Chambre*, comme pour mar-
quer qu'il n'y avoit rien d'extérieur, et que
tout se réduisoit à ce qui agit domestiquement
sur le prince. Qu'on se persuade bien que ces
gouvernemens silencieux et en retraite ne peuvent plus exister, parce qu'ils n'ont plus les
conditions de leur existence ; il n'est pas même
besoin, pour les juger, de leur opposer les gouvernemens libres ; il suffit de jeter un coup d'œil

sur l'activité actuelle des gouvernemens absolus. Certes, ce n'est point par le repos qu'ils
tendent à leur conservation. Partout on sent
que la royauté n'est plus une affaire domestique, et qu'il faut qu'elle soit nationale, sous
quelque forme qu'elle se présente. C'est un
retour aux idées vraies ; et l'aristocratie elle-
même ne pourroit s'en plaindre qu'en avouant
son infériorité sous le rapport des talens (1).

_____

(1) L'aristocratie, qui se compose de fortune, titre et
pouvoir *non délégué*, ne peut jamais être inférieure en
talens aux autres situations sociales, que dans les pays
où elle n'a point de vie publique, c'est-à-dire d'action sur
la décision des affaires générales. Dans le cas contraire,
elle lutte toujours avec avantage contre les autres classes
pour ajouter les supériorités morales aux supériorités politiques qui lui sont acquises. Je ne citerai pas l'aristocratie anglaise ; qu'on examine seulement notre Chambre des
Pairs, si nouvellement constituée qu'elle n'a pas encore
acquis la plénitude des conditions de l'aristocratie dans
chacun de ses membres ; qui pourra dire cependant
qu'elle ne soit pas, sans aucune proportion, supérieure
en prévoyance et en talens à la Chambre des Députés,
surtout depuis que celle-ci s'affaiblit en positions indépendantes pour s'accroître en fonctionnaires publics,
c'est-à-dire en gens qui, tenant des ministres un pouvoir *délégué*, peuvent craindre que ce pouvoir ne leur
échappe s'ils ont des opinions contraires aux conceptions

Mais si, par les motifs que nous venons d'exposer, les grands de l'État et le peuple, en Espagne, ont pu s'arranger long-temps de l'ignorance, et s'y accoutumer jusqu'à ne plus être capables de prévoir que des circonstances nouvelles devoient amener de nouvelles combinaisons, il n'en étoit pas de même de la classe moyenne. Partout sa destinée est d'être active, puisque elle est partout nécessairement chargée de répondre aux besoins de la société ; ce sont ces besoins qui la forment ; c'est sur ces besoins que son existence est fondée. Quel

---

ministérielles ? Si on saisit la différence qu'il y a entre la véritable aristocratie, et ce qu'on appelle du nom ridicule *d'aristocratie de fonctionnaires publics*, ridicule sous lequel on espère cacher la plus basse conspiration qui ait jamais été formée contre l'indépendance du trône et les libertés publiques, on concevra sans peine comment la plus noble opposition devoit se produire nécessairement dans la Chambre des Pairs, à l'époque même où l'imprudence ministérielle s'élevoit au-dessus de la raison et des convenances pour détruire les oppositions dans la Chambre des Députés. Par la puissance de ses mœurs et la force de ses intérêts, l'excellente nation française rend quelquefois les projets les plus monstrueux si mesquins, qu'il n'y a que les hommes politiques qui les voient naître et mourir ; ce qui n'empêche pas ces déplorables projets de répandre du malaise et de l'affadissement dans la société.

que soit le système du gouvernement, malgré
l'opposition qu'il met politiquement et reli-
gieusement au mouvement des esprits, à moins
qu'il ne déshérite ses sujets en faveur des
étrangers, comme cela a lieu dans la plupart
des gouvernemens asiatiques, il ne peut tout-
à-fait empêcher les classes moyennes de participer aux progrès des lumières générales. Le
commerce, la médecine, la législation civile et
criminelle, les sciences, les arts mécaniques
d'une nation européenne ne peuvent rester dans
une ignorance absolue des progrès que ces divers objets font parmi les autres nations de
l'Europe ; et, dans un pays où tout paroît
stable aussi long-temps qu'aucun événement
majeur ne met la société à découvert, il arrive
cependant que les hommes du siècle ne sont
plus les hommes du siècle précédent; et c'est
toujours dans la classe moyenne, la seule nécessairement active, que de prodigieux changemens se font remarquer. Il peut arriver que
des connoissances acquises sans liaison, et
presque par opposition au système établi ne
soient pas complètes ; qu'elles tranchent d'a-
bord avec les préjugés de la nation ; qu'elles
soient, au moment où elles éclatent, un sujet
de surprise et d'effroi autant que d'enthou-

siasme ou seulement d'espérance ; cela seroit
dans la nature des choses, et offriroit un de
ces chocs intérieurs qui ne sont sans exemple
chez aucune nation, qu'on ne peut juger défi-
nitivement qu'après le combat, mais dont on
préjuge l'issue en écartant ses idées particulières pour examiner les forces respectives des
combattans. Tout se réduit à savoir si les connoissances répandues en Espagne suffiront pour
surmonter l'ancien système, qui seroit aujour-
d'hui la mort de cette nation, mais qui a pour
lui des préjugés enracinés et des intérêts établis sur ces préjugés (1).

_____

(1) Je posois ici, pour la seconde fois, la véritable
question relative à l'Espagne, savoir si les connoissances
un peu incertaines, répandues dans ce pays, suffiroient
pour surmonter l'ancien système, dont le retour seroit la
mort de cette nation. Cette question se trouve résolue
par l'événement. Les peuples, encore assez vigoureux
pour mériter le nom de barbares, marchent vers la civilisation ; les peuples qui rétrogradent vont à l'état sau-
vage. Le désir de retourner en arrière est, chez les peuples policés, une manie qui amuse l'esprit comme tous
les sophismes ingénieux ; témoins l'ouvrage de J.-J. Rous-
seau contre les sciences, et les conversations qu'on en-
tend dans les salons au milieu de toutes les jouissances du
siècle, et qu'on tient seulement pour prouver qu'on est

En formant le hardi projet d'arrêter le mouvement des esprits, en préparant ainsi la séparation morale de l'Espagne, Philippe II obtint,
peut-être sans y songer, un avantage précieux
pour les Espagnols; ils restèrent de leur nation exclusivement, et tinrent à leur indépendance avec un sentiment plus profond
qu'on ne le trouve chez les autres peuples.
Aussi la première révolution dans laquelle ils
se jetèrent, celle qui dure encore, fut entreprise dans le grand intérêt de l'indépendance
du territoire. Je parle de l'abdication du père
du Roi régnant, abdication qui ne fut décidée

---

né d'autrefois. Mais chez les peuples stationnaires par
principes, le besoin de reculer devant quelques progrès
faits comme par surprise, peut aller jusqu'à la fureur
Aussi ne suis-je pas étonné que le parti qui triomphe en
Espagne, défende de continuer à cultiver les portions de
terre en friches que les Cortès avoient livrées au travail.
Que l'on compare à cette rage satanique les colonies agri-
coles et militaires que la Russie forme chez elle, les colonies de culture que les nations civilisées commencent à
essayer dans leur sein, pour diminuer la paresse, le va-
gabondage, les crimes qui les suivent, et surtout la dou-
loureuse nécessité de punir sans corriger, on comprendra
que les grands intérêts de la civilisation ne sont pas ren-
fermés dans ce qui peut se décider par la force des armes.

que, dans l'espoir d'échapper à l'ascendant
menaçant de Buonaparte, et qui devint pour
ce conquérant *le prétexte moral d'une intervention armée.*

Ainsi c'étoit pour se créer un défenseur national dans le Roi Ferdinand que les Espagnols
répudièrent leur roi Charles, placé, par un
favori, sous l'influence d'un cabinet étranger ;
c'étoit parce que la foiblesse du gouvernement
domestique du Roi Charles leur montroit leur
pays inévitablement envahi, sans que la résistance fût possible autrement que par un dé-
placement de la couronne, qu'ils hâtèrent
l'ouverture de la succession. Ferdinand fut un
Roi choisi dans l'intérêt général de l'indépendance du territoire. Malgré le vœu des Espagnols, malgré l'évidence du résultat, évidence
hautement annoncée par la nation, et qui
prouve de quel côté étoient les véritables connoissances politiques, Ferdinand abjura son
indépendance, l'indépendance de ses sujets,
et consentit à prendre Buonaparte pour juge
entre lui et son père qui n'étoit plus qu'un
moyen entre les mains de Buonaparte, entre
lui Roi et ceux qui l'avoient proclamé Roi ;
ce qui n'en faisoit plus que des rebelles aussitôt
que Buonaparte l'auroit déclaré. Il alla re-

mettre sa personne et son avenir à la bonne
foi de celui qui devoit le détrôner, laissant
l'Espagne dans un état d'autant plus déplo-
rable qu'elle l'avoit créé comme un moyen de
défense, n'en ayant point vu de plus légitime.
Ce royaume fut envahi sans effort par les Français; un étranger monta sur le trône; l'Europe
parut y consentir; les Espagnols n'y consenti-
rent pas. Ils s'armèrent pour l'indépendance
du territoire; ils firent des lois au milieu des
combats; et les lois répondirent à leur but, qui
étoit l'indépendance du territoire. Ils firent
des alliances, et les alliances répondirent à
leur but, qui étoit l'indépendance du territoire. Jamais nation n'a prouvé plus positivement qu'elle entendoit ses intérêts, qu'elle
étoit capable de les défendre et de les faire
triompher; jamais nation n'a mérité, n'a
obtenu plus d'estime dans le monde civilisé;
et si la politique se décidoit par les sentimens,
nulle nation n'auroit pour elle, et au plus haut
degré, les sentimens de tout ce qui porte un
cœur généreux. Mais quand le danger est
écarté, les opinions qui ont été oisives vien-
nent se faire juges des devoirs remplis, et déclarer les devoirs qu'il fallait remplir encore;
dès lors le passé rentre en discussion.

On dit aujourd'hui que les Espagnols ne se sont armés que pour délivrer leur Roi. Il est permis de demander à tout homme sincère s'il pense que les Espagnols auroient déployé moins de courage, moins de persévérance pour chasser l'étranger, pour reconquérir l'indépendance de leur territoire, quand ils auroient eu la certitude que jamais aucun prince de la famille régnante ne leur seroit rendu. Qu'on cite donc une époque où il ait été convenu que les peuples ne se doivent plus rien à eux-mêmes quand des événemens, aussi rigoureux que la fatalité, les séparent de ceux qui doivent les conduire. Sans se jeter dans la discussion de ces problèmes politiques, qui se résolvent plus par les circonstances que par les principes, personne ne niera que la première condition de l'existence d'une nation ne soit dans l'indépendance de son territoire. On n'a pas de Rois sans cela; donc cette condition précède toutes les autres. Sans doute le retour du Roi Ferdinand dans ses États étoit une conséquence nécessaire du résultat qu'obtiendroit le courage des Espagnols; et aucun Espagnol ne l'a nié. Le salut de l'Europe est devenu aussi une conséquence heureuse de la résistance de cette héroïque nation; et on n'o-

seroit pas dire que c'étoit uniquement pour
délivrer l'Europe que l'Espagne a repoussé le
joug de Buonaparte. De grands intérêts se
sont mêlés comme il arrive toujours dans les
crises politiques long-temps prolongées, et les
intérêts qui s'attiroient ont triomphé ensemble. Telle est la vérité qui n'est offensante
pour personne, que par cette raison rien
n'empêche de reconnoître, mais qu'il faut reconnoître pour ne pas se presser de condamner
ceux qu'on ne peut ni trop admirer ni trop
plaindre.

Les intérêts que le malheur avoit réunis
pouvoient se séparer par le succès; l'histoire
ne montre pas d'autre spectacle, et l'Europe
en offre un exemple mémorable en ce moment.
Nous nous arrêterons à ce qui s'est passé en
Espagne, comme appartenant plus spéciale-
ment à notre sujet.

La nation s'étoit sauvée sans son Roi; l'u-
nion la plus étonnante avoit régné entre tous
pendant son absence; elle s'étoit constituée
sans son Roi; mais c'étoit pour opérer son
salut, et non dans des idées métaphysiques
de perfectionnement. J'appuie sur cette observation, parce qu'on doit en conclure avec
vérité que cette disposition des esprits donnoit

à Ferdinand une grande facilité de modifier la constitution à son retour de Valençai, s'il avait bien compris la situation de son royaume. Pour sortir de l'apathie dans laquelle le système de Philippe II avait plongé l'Espagne, pour qu'elle devînt capable de prendre part au mouvement européen dont elle faisoit enfin partie malgré elle, il falloit bien qu'elle secouât ses vieux préjugés, qu'elle prît quelque chose des idées qui agitoient le monde; et comme les idées nouvelles s'accordoient avec sa position, qui ne laissoit d'espérances que dans l'assentiment populaire, le pouvoir royal fut un peu oublié dans la part qu'on fit à l'action des pouvoirs de la société; on ne parut même s'en souvenir que par les précautions prises contre la crainte de le voir retomber dans ses habitudes domestiques, désormais incompatibles avec le mouvement donné à l'ordre social. C'était un inconvénient si le Roi, à son retour, ne s'unissoit pas avec franchise à ce mouvement; car alors le système constitutionnel ne pouvoit marcher, la royauté présente, que comme il marchoit en son absence; embarras dont les suites devenaient incalculables. Mais cet embarras même prouve que Ferdinand ne devoit pas s'arrêter

à la lettre de la constitution, et la croire vraie
d'expérience dans tous ses points, par cela seul
qu'elle était imprimée. Dès qu'elle reconnais-
soit un Roi auquel elle ne refusoit ni la légitimité, ni l'hérédité, il fallait s'asseoir au
milieu de la constitution; les articles réglémen-
taires se seroient écartés pour faire à la royauté
la place qui lui est nécessaire. Est-on Roi autrement? Je ne sais quel purisme politique
s'est glissé nouvellement parmi les exaltados
des monarchies; mais j'oserai supposer la couronne d'Espagne vacante dans toutes ses bran-
ches, l'Espagne offrant le trône, appuyé sur
la constitution des Cortès, aux princes de
l'Europe; et je demanderai s'il ne se pré-
senteroit pas autant de prétendans que pour
la couronne de Pologne, qui n'admettoit point
l'hérédité, et qui ne reconnoissoit par conséquent d'autre légitimité que celle qui résultoit d'une élection? Quelle famille royale a
commencé par la plus grande latitude possible de puissance? Les ducs de Brandebourg
sont devenus rois de Prusse, les stathouders
rois de Hollande; combien d'autres souverains
peuvent, avec orgueil, regarder d'où ils sont
partis sous le rapport du pouvoir, pour considérer le point où ils sont arrivés! Mais tan-

tôt on consent à ce que le temps a fait; tantôt
on s'irrite de ce qu'il ose encore faire quelque
chose; on prétend fixer l'époque où il auroit
dû s'arrêter; on va même jusqu'à lui ordon-
ner de rétrograder; il n'en marche pas moins;
et, selon les chances qu'il amène, il suffit à
un Roi, pour commander, d'être sur le trône,
tandis qu'un autre Roi a besoin d'habileté pour
affermir jusqu'au terrain sur lequel le trône
repose. Si Ferdinand a pu détruire la constitution des Cortès et gouverner cinq ans sans
règles et sans limites à sa volonté, qui pourra
dire qu'il n'étoit pas assez fort des circonstances et de ce qui restoit des anciennes habitudes, pour modifier cette constitution? Je ne
parle pas des articles qu'il auroit pu changer,
des principes qu'il auroit pu faire rentrer dans
l'obscurité; son action réelle auroit été la plus
positive des modifications. Tout le monde sent
ce que seroient devenues les excessives précautions prises contre la crainte des abus du
pouvoir royal, dès que ce pouvoir auroit agi
et se seroit développé selon le mouvement
que la force des choses venoit de donner à
l'ordre social à la tête duquel il se trouvoit
placé.

Si c'étoit un embarras pour les Cortès d'être

exposés à gouverner en face du Roi comme en
son absence, c'étoit pour le Roi un parti vio-
lent et dangereux d'abolir la constitution pour
rentrer dans les vieilles habitudes. Cette résolution entraînoit la nécessité de vaincre les
résistances, et les résistances alloient se trouver
parmi les hommes qui avoient tout sacrifié
pour l'indépendance du territoire, la légitimité de la couronne et la délivrance de l'Europe. Que les rois soient ingrats envers les
individus dans l'intérêt général, c'est une condition qui n'est point sans exemple; mais il
faut du moins que l'intérêt général soit satisfait. En sacrifiant les intrépides défenseurs de
l'Espagne, les seuls hommes qui eussent reçu
des événemens les connoissances applicables à
la situation des affaires et des esprits, qui
restoit-il à Ferdinand pour le conseiller et
l'aider? ceux qui, incapables d'agir, n'avoient
opposé aux événemens que la haine de ces événemens, et à la tyrannie étrangère que de bons
sentimens. L'Espagne étoit rentrée dans le mouvement de l'Europe; on ne pouvoit plus l'en
faire sortir sans que quelques parties de l'Europe ne s'effrayassent de ce projet et n'y mis-
sent des obstacles. Le temps révélera ce qu'il
y a de vrai dans cette observation. Ferdinand

n'hésita pas cependant ; il abolit la constitution , tomba dans toutes les conséquences de
cette détermination, puisqu'il ne put suppléer
à ce qu'il avoit ôté d'action à ses peuples , ni
séparer de nouveau l'Espagne du mouvement
de l'Europe. Jamais au contraire ce royaume
ne fixa davantage l'attention du monde civilisé, même alors qu'on ne prévoyoit pas encore
qu'il pourrait un jour en provoquer tous les
mouvemens (1).

(1) Il ne faut jamais oublier que les Cortès avoient été
reconnus par toutes les puissances, que le gouvernement
qu'ils avoient établi , bien ou mal constitué, avoit eu
des relations générales en Europe , une grande influence
sur le pays , et que cette action s'étoit prolongée assez de
temps pour donner aux hommes appelés aux affaires les
moyens d'acquérir des connaissances , et de montrer du
talent. Les fausses notions qu'on prend dans les livres, où
la politique n'est jamais que spéculative , disparoissent
peu à peu devant l'instruction réelle que donnent les besoins positifs de la société. Les supériorités morales, appli
quées à la conduite des états, se trouvoient donc de ce
côté. Il fut proscrit ; et le parti qui devint dominateur, en
s'épurant sans cesse, tomba si bas que le trône fut de
nouveau isolé , par conséquent asservi. Les mêmes combinaisons se reproduisent une seconde fois , mais avec des
détails de fureur, d'ineptie, de précautions et de proscriptions inouïs jusqu'alors ; il y a progression , et cela devoit

La nation avoit été unie, forte, admirable
et généralement admirée pendant l'absence
de son Roi. Divisée par son retour et par les
conséquences de ce retour, une nouvelle révolution éclata, et trouva le pouvoir absolu
aussi foible que les circonstances l'avoient fait
réellement. La constitution des Cortès fut de
nouveau proclamée dans son intégrité ; le Roi
la jura ; mais les Cortès ne s'en trouvèrent pas
moins dans cette nécessité orageuse que nous
avons prévue, et dont l'appréhension avoit
donné tant d'ascendant au Roi à son retour ;
je parle de la nécessité de gouverner en sa présence comme s'il étoit absent ; ce qui étoit
beaucoup plus difficile. En effet, les partis
pouvoient se servir de son nom ; l'idée d'un
Roi sans liberté alloit troubler des consciences ;
les tentatives en faveur du pouvoir ne seroient
plus considérées que comme un appel au despotisme, et les efforts pour défendre les li-

être. Les esprits foibles et violens, par impossibilité de
saisir l'ensemble de la société, la déchirent dans toutes les
petites choses qui ne s'élèvent pas au-dessus de leur capa-
cité. C'est proprement l'esprit de la police, toujours
modifié par la force des mœurs chez les nations civilisées,
mais qu'on peut étudier aujourd'hui en le voyant agir chez
une nation hors des voies de la civilisation.

bertés ne paraîtroient que des attaques contre
la royauté. La guerre civile devoit s'allumer ;
elle éclata ; et , pour que rien ne manquât à la
destinée de Ferdinand , comme l'abdication
qui , aux cris de joie des Espagnols , l'avoit
porté hâtivement sur le trône, étoit devenue,
pour Buonaparte , un *prétexte moral d'inter-*
vention armée, la dépendance dans laquelle
on pouvoit le supposer depuis le mouvement
des partis devint en France *un autre prétexte*
moral d'un autre intervention armée. Quelle
preuve nouvelle que l'Espagne est pour jamais
rentrée dans le mouvement de l'Europe , et
qu'on ne peut plus la régir d'après l'ancien
système! On en aura la conviction par des
victoires comme par des défaites. Avant que
la guerre de principes qu'on lui déclare ne soit
commencée, sa cause est devenue une cause
générale qui comprend tous les intérêts de la
politique ordinaire, et dans laquelle se placent, avec l'intention de se combattre, la haine
et l'amour des progrès de la civilisation. Les
esprits et les événemens sont également en
présence ; les hostilités sont partout, avant
même que le bruit du canon se fasse entendre.

Pour préjuger et suivre les conséquences de
la guerre dont on ne parle jusqu'à présent

qu'entre la France et l'Espagne, il est donc nécessaire d'en étudier les causes aussi multi-
pliées que les opinions qui se jettent à travers,
afin de ne pas confondre les intérêts ordinaires
de la politique avec des prétentions si extraor-
dinaires, qu'on peut affirmer qu'elles n'appar-
tiennent qu'à cette époque. Jusqu'ici l'Europe
n'avoit pas mis les formes diverses de gouvernement en présence ; elles les admettoit toutes,
les reconnoissoit toutes capables de se prêter au
mouvement de la civilisation ; il faut remonter
avant notre ère pour trouver la distinction tran-
chante des peuples civilisés et des peuples barbares. Mais jusqu'où ne peut-on pas avancer
ou rétrograder quand on met des baïonnettes
au bout des opinions.

La France pouvoit raisonnablement craindre
que si l'alliance intime de l'Espagne lui échap-
poit, elle ne fût réduite à porter à la fois ses
regards vers les Pyrénées et vers le Rhin, ce
qui l'affoibliroit, et détruiroit le plus beau des
résultats obtenus, sous Louis XIV, au prix du
sang français. Dans l'état où la France a été
mise par les derniers événemens, l'alliance de
l'Espagne lui est plus nécessaire que jamais,
non comme ajoutant beaucoup à ses forces actives, mais comme objet de sécurité, comme

une facilité de porter sur d'autres points ses moyens de défense ou d'agression. Sous les rapports du commerce, cette alliance lui est également profitable.

L'Espagne a-t-elle le même intérêt qu'autrefois à rester l'alliée de la France ? Non sans doute ; et, pour apprécier ce qu'il y a de positif dans cette assertion, il suffit de considérer ce qu'étoit l'Espagne à l'époque où le pacte de famille a été conclu, et ce qu'elle est devenue. C'est nous qui l'avons entraînée dans la guerre de l'indépendance des colonies américaines anglaises, et le contre-coup naturel de cette guerre a été l'indépendance des colonies américaines espagnoles. C'est par nous et pour nous que l'Espagne a perdu sa marine. Il nous est impossible de lui porter les secours qu'elle peut attendre des Anglais, en qui elle ne voit plus de rivaux, parce qu'ils n'en ont plus, et dont la politique fixe, quoique vigilante, a cessé d'être hostile. Notre ancienne alliance avec l'Espagne entraînoit de sa part une soumission entière à nos vues ; nous ne pouvons plus l'exiger, n'ayant pas même d'espérances à donner en compensation. Il reste donc incontestable que nous avons plus besoin de l'alliance de l'Espagne que l'Espagne n'a besoin de notre al-

liance. Cela ne veut pas dire que l'union des
deux couronnes et des deux peuples ne soit sage
et profitable, mais seulement que la France
avoit plus de motifs de ménager cette union,
et que par conséquent elle devoit voir avec une
plus vive inquiétude tout ce qui troubloit l'ordre de ce royaume, tout ce qui pouvoit provoquer entre les Espagnols et les Français une
séparation d'intérêts, même momentanée (1).

_____

(1) **On** avoue maintenant que notre influence ne peut
devenir dominante en Espagne, même lorsqu'elle est encore occupée par nos armées, auxquelles le parti qui est
maître des affaires doit son triomphe. La Russie qui, en
vertu de la sainte-alliance, a le droit d'intervenir partout
où elle veut se créer des intérêts, et l'Angleterre, maîtresse
de retarder ou de précipiter l'émancipation des colonies
espagnoles, sont les deux puissances qui se disputeront la
direction des passions, des craintes, des espérances de ce
pays, jusqu'à ce que son sort s'accomplisse. Le parti que
nous avons fait triompher nous a déjà plusieurs fois fait entendre qu'il ne mettoit pas à notre alliance le prix que
nous disions qu'il y attacheroit, lorsque nous avons pris
les armes. A part l'ingratitude naturelle à tous les partis,
il est vrai, ainsi que je l'avois établi avant les hostilités,
que l'Espagne n'a pas le même intérêt qu'autrefois à rester
sous notre influence. Nous n'avons pas, comme la Russie,
la haute direction de l'alliance générale qui s'est chargée
d'arranger chaque nation sur un plan déterminé; comme

Lorsqu'à son retour de Valençai, le roi d'Espagne déchira la constitution des Cortès, l'Europe entière, l'Angleterre comprise, ne le blâ-
ma pas vivement; trop de rudesse avoit été
mise dans la manière de la lui présenter et de
la lui faire accepter. Il ne faut pas à la fois
humilier un Roi et le reconnoître Roi. Mais ce
qui avoit surtout tranquillisé les esprits en Espagne et en Europe, ce qui avoit permis aux
Espagnols qui s'étoient battus pour l'indépendance du territoire, d'approuver la conduite
de Ferdinand, fut la promesse solennelle qu'il
fit de donner à ses peuples des lois et des institutions conformes aux nouveaux besoins de
la société qu'il étoit destiné à gouverner.

La France étoit intéressée à suivre l'effet de
cette promesse, si la France avoit été conduite franchement dans le sens constitutionnel, parce qu'alors elle auroit su que toute
union durable doit se faire maintenant entre
les peuples, et que les peuples ne resteront
sincèrement unis d'intérêts qu'autant qu'ils se

l'Angleterre, nous ne nous sommes point mis en dehors
de cette alliance ; nous éprouvons les conséquences de
notre position. Il y a des gens qui disent que cela est admirable.

rapprocheront par leurs institutions. Par des
raisons qu'il seroit trop long d'exposer, la politique en ce moment tend au spiritualisme
plus vivement qu'à l'époque où Luther sépara
le pouvoir civil du pouvoir religieux. La France
pouvoit prévoir que quelque puissance de l'Europe seroit tentée de flatter et de protéger le
système du pouvoir absolu en Espagne dans
des vues particulières, parmi lesquelles il seroit possible de compter l'espoir de se faire un
établissement dans la Méditerranée ; et que,
si ce projet étoit une fois formé, les conséquences en seroient d'autant plus vives qu'on
le cacheroit sous des opinions, comme on
avoit fait pour le partage de la Pologne. La
France pouvoit encore prévoir que, si la guerre
s'allumoit sous le prétexte d'opinions politiques, les opinions finiroient par y devenir
les armes les plus dangereuses, vu l'état dans
lequel trente années de révolutions et de
combats avoient mis les esprits. Mais le pouvoir absolu avoit ses partisans en France, les
uns dans le sens de Buonaparte, les autres
dans le sens de Coblentz, et le tiraillement
qui résultoit de la dissension des esprits, nous
ôtoit la faculté de jeter des regards assurés sur
la politique extérieure. La facilité avec laquelle

Buonaparte revint au mois de mars, la tranquillité qui régnoit en Espagne, la franchise
et la promptitude avec lesquelles ce royaume
nous offrit des secours, firent une double illusion qui ne paroissoit pas favorable au système constitutionnel, et qui, par conséquent
militait dans les esprits en faveur du pouvoir
absolu. Tout occupés de nous-mêmes, nous
regardâmes comme bien constitués les alliés
qui ne campoient pas sur notre territoire, qui
ne nous demandoient pas de contributions; le
silence qui régnoit en Espagne nous parut du
bonheur: aussi le bruit de la révolution de
Cadix fut-il pour nous comme un coup de
foudre au milieu d'un beau jour.

Si on avoit la certitude que le système du
pouvoir absolu eût été protégé en Espagne
par quelque puissance étrangère, et dans des
vues particulières, on seroit autorisé à croire
que la nation qui, la première, devina ces
projets, parce qu'elle avoit le plus grand intérêt à s'y opposer, ne vit pas d'un œil indif-
rent le mouvement de l'île de Léon, et qu'elle
devint fort tolérante sur la résurrection de la
constitution des Cortès, et sur la manière de
la faire jurer au Roi. Dès lors on compren-
droit que le combat d'opinions entre le sys-

tème du pouvoir absolu et le système des libertés nationales n'étoit encore en Espagne
qu'une manière admise, par deux puissances
rivales, pour cacher la division qui existoit
entre elles, division que d'autres intérêts em-
pêchoient de laisser éclater, mais sur laquelle
les plus fortes révélations ont été faites en
Angleterre depuis l'entrée au ministère de
M. Canning. Le marquis de Londonderry est
devenu fou en voulant concilier la politique
européenne dirigée par la Sainte-Alliance,
l'indépendance des nations, et la liberté des
peuples; il y a là en effet de quoi tourner plus
d'une tête. M. Canning a simplifié la question,
comme nous le verrons bientôt. On ne se
trompe pas long-temps sur la véritable marche
à suivre dans le pays où les peuples sont
écoutés sur leurs intérêts.

Depuis la mort du marquis de Londonderry
et l'attitude prise par l'Angleterre au congrès
de Vérone, la France ne pouvoit plus se faire
illusion sur la destinée qui l'attendoit ; et, il
faut le dire, la France constitutionnelle ne
s'en fit pas non plus. Elle prévit que notre
alliance seroit bientôt réclamée par les deux
partis adverses; que, s'il falloit absolument
choisir, l'alliance de l'Angleterre étoit la seule

4

qui nous convînt; mais que, pour rester
maîtres de nous décider en ne consultant que
nos intérêts positifs, le plus sage et le plus
pressé étoit d'éviter de devenir le prétexte
d'une rupture entre les puissances rivales;
qu'il falloit gagner de l'ascendant sur l'Espagne, lui offrir le secours de notre expérience pour adoucir ses divisions, pour rap-
procher le Roi et ses peuples sans secousse,
sans apparat, et surtout sans humiliation de
part et d'autre. Cela n'étoit pas impossible à
la France constitutionnelle, et elle auroit été
secondée plus ou moins secrètement par toutes
les puissances qui avoient intérêt de retarder
la nouvelle et terrible commotion qui menace
l'Europe.

Mais la France constitutionnelle, par sept
années de fautes ministérielles, se voyoit confondue avec la France révolutionnaire de 1793,
et se trouvoit ainsi hors de la direction et
même du mouvement des affaires (1). L'autre

_____

(1) L'inutilité politique de notre intervention armée
étoit marquée dans cette observation. Si la France constitutionnelle n'avoit pas été confondue avec la France
révolutionnaire, et ne s'était pas trouvée hors de la direction et du mouvement des affaires; si, au lieu de nous

France, qu'on peut appeler la France du dehors, ne vit ou feignit de ne voir, dans les

---

présenter à l'Europe comme exposés à la *contagion morale* de la révolution espagnole, et à la révolution espagnole comme un peuple sans libertés réelles, quoique
vivant sous une constitution ; si nous eussions été ce que
nous paroissons devoir devenir sous Charles X (puisqu'il
a toujours suffi de le vouloir), nous aurions eu sur les
Cortès un ascendant que leur position ne permettoit pas
de refuser à un peuple uni, fort de ses malheurs passés,
de son bonheur présent, adoptant, sous ses rois légitimes,
la !politique la plus désintéressée dont l'histoire ait jamais fait mention. Tant que nous serons divisés en partis
nous ne connoîtrons pas ce que nous avons de forces ;
tant que les hautes questions politiques ne seront pas
posées franchement dans l'intérêt de la France constitutionnelle, nous ne connoîtrons pas tout ce que nous
avons acquis d'expérience et d'habileté. Nous avons dépensé trois cents millions sans obtenir aucun résultat satisfaisant dans nos relations extérieures. Nous y avons
gagné quelque chose dans notre régime intérieur. Je ne
parle pas de la réunion sincère de nos armées de toutes
les époques ; cela n'a jamais été douteux, et ne pouvoit
l'être. Cela auroit été douteux, qu'il suffisoit de mettre à
la tête de l'armée l'honneur et l'équité pour que toute inquiétude cessât. Mais ceux qui n'avoient encore examiné
l'organisation sociale que sous le rapport des opinions,
ont vu de près combien est hideux un parti formé à re-
bours de la civilisation, et ils ont mieux jugé leur patrie·

plus grands intérêts de l'humanité, que des
opinions, des sentimens; elle mit en avant
l'honneur des couronnes, la sûreté des trônes,
n'osant point parler des vieilles prétentions de
l'aristocratie; puis réduisant tout à des principes, mais posant les principes dans toute

---

ils savent aujourd'hui qu'il n'y a de bonnes institutions
religieuses que celles qui sont renfermées dans de justes
limites. C'est quelque chose pour notre avenir. Où les
moines ne marchent qu'en faisant fléchir tous les genoux
devant eux, quelle clientèle reste-t-il aux supériorités
sociales? Plus d'aristocratie possible, plus de sciences,
de littérature, diminution progressive du travail, et re-
poussement calculé de l'industrie. Les apôtres du stabilisme savent fort bien que l'intelligence des peuples peut
se mesurer par les besoins qu'ils se donnent et par les
moyens qu'ils inventent ou qu'ils adoptent pour les sa-
tisfaire. L'Angleterre et la France, dans des proportions
différentes, sont les deux nations où l'intelligence est
plus générale, par conséquent les deux nations les plus
riches et où il y a le plus de bonheur. J'en ai dit la cause.
Si nous sommes en arrière de l'Angleterre sous plusieurs
rapports, ce n'est certainement pas la faute de la France,
mais bien celle du système d'administration qui survit à
Bonaparte, et que des ministres, incapables d'aucune
idée grande, tournent contre leur patrie pour l'affoiblir.
S'ils réussissent, les jésuites se chargeront de tirer les
conséquences à la manière espagnole.

leur rigueur, elle poussa vivement à la guerre
d'Espagne, pour la plus grande gloire des monarchies. Sa préférence pour l'alliance russe
annonçoit si bien ce qu'elle entendoit par mo-
narchie, que les écrivains du parti auroient
pu s'éviter les imprudentes provocations qu'ils
ont faites contre tous les gouvernemens libres.
Mais il semble qu'on vouloit tâter l'Angleterre,
et voir si elle sentoit que les reproches qu'on
adressoit à l'Espagne s'appliquoient également
à l'établissement politique de la Grande-Bretagne, où le principe de la souveraineté de la
nation dort quelquefois, mais ne meurt point.
Il ne s'agissoit encore que de paroles ; l'Angleterre répondit par ces mots de M. Canning:
*Liberté civile et religieuse dans tout l'uni-
vers ;* comme pour avertir ceux qui l'oublient
que, dans les guerres d'opinions, il faut donner de suite aux mots leur plus grande valeur (1).

Les partisans de la guerre en France cherchent encore quelle sera leur devise ; comme

_____

(1) Le court manifeste de M. Canning a suffi pour faire
ajourner le combat général entre le pouvoir rétrograde et
les progrès de la civilisation ; tout est retombé aussitôt dans
les vieilles limites de l'ancienne diplomatie.

ils n'oseroient pas mettre sur leur bannière,
par opposition à la devise anglaise, *inquisi-
tion et pouvoir absolu*, il faut s'arrêter au seul
principe qu'ils avouent généralement, et qui
réunit trois partis distincts, dont le plus modéré est incontestablement le plus loin des véritables voies politiques. Ce principe est le *droit
moral d'intervention armée* pour soutenir le privilége accordé aux Rois de donner, quand bon
leur semble, aux peuples qu'ils gouvernent, des
institutions que les peuples ne doivent jamais
vouloir d'eux-mêmes. Certes, cette impassibi-
lité des peuples ne ressort pas des pages de
l'histoire; et jusqu'à nos jours les Rois n'a-
voient pas rougi de traiter avec leurs sujets, de
leur faire des concessions pour apaiser les différens, et même pour terminer des guerres civiles. On ne voit pas autre chose dans les temps
où l'aristocratie dominoit la France ; on voit
pire dans les siècles où les prêtres dominoient
les Rois.

Le premier des trois partis qui s'unissent en
faveur de l'intervention armée, prétend que
nous allons combattre en Espagne pour la foi.
Comme dans les débats espagnols il n'a pas été
pris une seule résolution dans laquelle le dog-
me religieux soit compromis, aller combattre

pour la foi signifie qu'il faut mettre nos soldats à la suite et à la disposition des prêtres.
Sans doute, les idées ordinaires au bon sens de
l'Europe du dix-neuvième siècle sont choquées
d'une pareille résolution; mais si on n'oublie
pas que, par les conséquences du système de
Philippe II, les esprits en Espagne sont généralement restés stationnaires; que le rien faire
long-temps naturel à ce peuple étoit fondé sur
les établissemens monastiques; que la nécessité
de jeter dans la circulation le capital accumulé,
afin de créer des moyens d'activité, d'industrie,
d'existence, menace ces établissemens, on concevra que le parti qui attache le succès de
l'intervention armée aux intérêts des hommes
voués à l'état religieux, n'est pas le plus foible
de calculs et d'espérances. S'il étoit seul, si ses
intérêts n'étoient pas confondus dans d'autres
intérêts, probablement il auroit d'abord quelques succès; mais, par son mélange avec des
opinions qui ne sont pas religieuses, il deviendra une cause de division (1).

Le second parti qui se réunit à l'intervention armée prétend combattre pour le pouvoir
absolu, tel que peuvent l'entendre des militai-

_____

(1) Tout ceci a été justifié.

res qui cherchent de l'avancement, et quelques
politiques que l'Angleterre soupçonne de vouloir diriger l'Espagne dans l'intérêt de la Russie. Ce parti espère se servir à la fois des hommes voués à l'état religieux et de nos soldats.
S'il réussit, ce ne sera certainement pas pour
ramener l'Espagne à notre alliance; ainsi,
nous aurons combattu pour des intérêts qui ne
sont pas les nôtres (1). Lorsque M. de Montmorency a demandé au congrès de Vérone que
la France prît pour son compte la responsabilité
d'une guerre contre l'Espagne, il étoit bien
sûr qu'on ne lui refuseroit pas le privilége qu'il
sollicitoit, tant qu'on pourroit croire à la neutralité de l'Angleterre; mais si l'Angleterre se
prononçoit fortement contre l'intervention armée, M. de Montmorency avoit-il, pouvoit-il
avoir la certitude que les puissances présentes
au congrès voudroient courir les chances d'une
guerre générale, qui remettroit en balance des
événemens qui ne paroissent décidés qu'autant
qu'il n'y a plus nulle part en Europe un point
sur lequel puisse s'appuyer une nouvelle discussion ? Mais la France du dehors avoit conçu
le hardi projet d'entraîner l'Europe loin du sys-

------

(2) L'événement l'a prouvé.

tème pacifique nécessaire à la plupart des puissances ; il espère encore qu'il s'est conduit ha-
bilement, et que si la guerre éclate il n'y
aura pas de neutres. C'est une grande question.
Si ce parti avoit voulu sérieusement en finir
de la révolution considérée comme agressive,
il auroit dû savoir que dans la paix de l'Europe
et l'union apparente des puissances, la révolution se trouvoit sans appui ; mais qu'aussitôt
que l'Europe seroit ostensiblement divisée, la
révolution redeviendroit forte et rencontreroit
des alliés : *Liberté civile et religieuse dans tout
l'univers.* Jamais principe ne fut plus fermement posé. Si les gouvernemens absolus vivent tranquilles dans les pays où ils sont établis, sans prétendre intervenir dans les affaires intérieures des nations libres, ce principe
est éminemment révolutionnaire ; mais s'il n'est
mis en avant que par opposition au pouvoir
absolu présenté comme système général, c'est
un noble moyen de défense offert dans les plus
grands intérêts de l'humanité ; c'est l'alliance
des peuples mise sous la protection de l'Angleterre pour balancer l'alliance des Rois mise sous
la protection de la Russie On ne peut plus
essayer de le dissimuler, la querelle est là ; et
l'état de l'Espagne n'est que l'occasion qui peut

la faire éclater plus tôt que les principales parties intéressées ne le vouloient. En vain dans son discours prononcé à la Chambre des Députés, le 25 février, M. de Châteaubriand nous a-t-il confié que l'empereur de Russie lui avoit dit : « Il » ne peut plus y avoir de politique anglaise, fran- » çaise, russe, prussienne, autrichienne ; il n'y » a qu'une politique générale. » Tout le monde sait qu'il n'y a de politique générale qu'en spécu- lation, mais qu'en action toute politique est et doit être nationale ; tout le monde sait que l'idée abstraite de ne vouloir pour l'Europe qu'une politique générale auroit pour résultat positif de mettre l'Europe sous la domination de la Russie, et de confier le sort de la civilisation à la puissance la moins avancée en civilisation; tout le monde sait que l'Angleterre s'est hau- tement séparée de la politique de spéculation qui l'effaçoit en Europe, pour rentrer dans la politique anglaise, et que, par ce fait seul, elle a repris l'ascendant qui lui appartient. C'est la seule puissance qui n'ait pas fléchi sous les événemens qui, pendant trente années, ont mis la civilisation aux prises avec la dé- magogie et le despotisme militaire; c'est la seule qui puisse de nouveau résister à ceux qui veulent faire, de la forme des gouverne-

mens, un combat d'opinions dans lequel toutes
les existences sociales seroient encore une fois
compromises. Au besoin, l'aristocratie anglaise se mettroit à la tête des libertés de
l'Europe, comme elle s'est toujours mise à la
tête des libertés de son pays, et apprendroit
à ceux qui n'ont que des vanités que la véritable condition de l'aristocratie, dans les gouvernemens libres, est de se placer en avant du
mouvement naturel à la société, afin d'en conserver la direction. Sans doute l'empereur
Alexandre doit désirer qu'il n'y ait qu'une
politique générale, et point de politique nationale; ce vœu fait honneur à la pureté de
ses sentimens; mais un vœu n'est pas un fait
Il y a maintenant une politique anglaise à découvert; malgré les apparences contraires,
il y a certainement une politique autrichienne
et une politique prussienne. S'il est vrai qu'il
n'y ait pas de politique française, cela ne fait
pas honneur à ceux qui, depuis la restaura-
tion, ont été appelés par le Roi à conduire les
affaires de la France; et je ne vois pas l'intérêt que M. de Châteaubriand avoit à l'avouer
dès qu'il n'en faisoit pas un reproche à ses
prédécesseurs.

Le troisième parti qui se réunit sous la ban-

nière de l'intervention armée ne peut être
caractérisé; il ressemble bien plus à une espérance qu'à une résolution politique fixe; c'est
le parti conciliateur. Le ministère redoute le
triomphe du pouvoir absolu en Espagne, parce
qu'il mettroit ce royaume sous une influence
qui ne seroit pas la nôtre, influence que l'Angleterre ne souffrira jamais, et qu'elle pourra
vingt fois renverser si elle est vingt fois
établie. Le ministère redoute le triomphe des
Cortès, parce que les Cortès penchent nécessairement vers l'appui de l'Angleterre. Dans
l'un ou l'autre cas, l'Espagne ne tiendroit plus
exclusivement à nous, et nous ne pourrions
tenir à l'Espagne qu'en entrant nous-mêmes
dans l'alliance russe ou dans l'alliance anglaise.
La France doit pouvoir choisir, et ne pas consentir à accepter ses alliés. Rien n'est à la fois
plus sage et plus national; mais au point où
l'on a mis les choses, reste-t-il un moyen d'arriver à ce but?

Peut-on compter sur un parti modéré en
Espagne? Sans doute, il y existe, si on range
dans ce parti tous ceux qui gémissent sur les
événemens de quelque nature qu'ils soient,
dès que la tranquillité publique en souffre.
Les modérés ont blâmé tout bas le Roi de

s'être mis dans la nécessité de proscrire ceux
qui, par leur courage et leurs talens, l'avoient
rappelé dans son royaume, libre de toute influence; ils ont blâmé tout bas ceux qui tiennent le pouvoir royal dans l'ombre pour le
faire parler en public à volonté; ils pleurent
sur la captivité de la famille royale; ils donnent
aussi des larmes aux prêtres fugitifs; ils s'ef-
fraient surtout de voir la guerre civile prendre
de nouvelles forces; mais, par cela même, ils
n'accepteront aucune activité, et se conten-
teront de faire des vœux secrets pour le retour
de l'ordre, tout prêts à être mécontens pour
leur compte de la manière dont ce retour s'o-
pérera, ou à accepter par commisération le
mécontentement des partis qui auront à s'en
plaindre. Telle est partout la masse des nations, masse sur laquelle repose, en tout pays,
la tranquillité publique dans les temps ordinaires, mais qui ne peut servir nulle part à
rétablir cette tranquillité lorsqu'elle est une
fois troublée, et que les événemens ont déjà
compliqué les intérêts. Sans doute quelques
hommes actifs ont de la modération dans l'esprit, parce qu'ils ont des vertus et des lumières; mais ils seront les plus ardens ennemis
de toute intervention armée. Il n'y a que l'es-

prit de parti poussé au dernier degré d'exalta
tion qui puisse faire qu'on soit plus du parti
de l'étranger que de sa nation ; et cela ne dure
jamais long-temps.

Le parti modéré n'existe donc pas en Espagne ; il ne s'y est pas encore montré ; il
n'a pu s'y montrer comme en France, où la
Charte royale, en satisfaisant les esprits sages
et consolidant les intérêts acquis, avoit constitué la nation pour être aussi ennemie des
révolutions à faire que des contre-révolu-
tions à essayer. Et cependant, telle est la
nature de la modération dans les temps de
crise politique, que la France raisonnable,
appuyée sur ses lois fondamentales, a perdu
toute influence active sur les événemens, et
se trouve si serrée entre les partis extrêmes,
qu'elle en est comme étouffée. Que sera-ce donc
en Espagne de la modération individuelle ?
Est-ce par la guerre étrangère, ajoutée à la
guerre civile, qu'on en formera un faisceau,
qu'on lui donnera le désir d'intervenir active-
ment, la force de se prononcer pour une forme
de constitution par préférence à une autre
forme de constitution ? Et quand de l'intervention armée il résulteroit un dénoûment d'autant meilleur qu'il ne satisferoit aucun parti

extrême, est-ce sous la protection du parti modéré qu'on pourroit mettre ce résultat avec sécurité (1)? Toutes ces espérances n'ont jamais

---

(1) C'est avec raison que j'avais annoncé qu'il n'y avoit
pas en Espagne de parti modéré sous la protection duquel
on pût mettre le résultat de nos succès militaires ; mais je
n'avois dans la pensée que la nation civile. Il m'étoit impossible de deviner que ce qu'il y avoit de modération en
Espagne se trouvoit dans l'armée aux ordres des Cortès,
mais sans avoir la conviction de la bonté de la cause de
cette assemblée, et de l'habileté qu'elle mettroit à la
soutenir. C'est la plus terrible position dans laquelle des
militaires puissent se trouver, et l'impression qu'elle leur
cause les prépare à se ranger du côté du pouvoir légitime, pour peu qu'il sache écarter les opinions pour aller
au fond des choses. L'honneur et la prudence du prince
généralissime devinèrent mieux à cet égard que n'auroit fait
la politique la plus raffinée ; et si l'ordonnance d'Andujar
eût été maintenue fermement, si l'on n'eût pas reculé
d'un pas sur les capitulations accordées par le Dauphin,
le roi d'Espagne auroit aujourd'hui une armée qui ne seroit pas *volontaire*, l'Espagne auroit une garantie contre
ses propres fureurs, et la France un allié. Il est proba-
ble que les capitulations accordées par le Dauphin avoient
encore besoin de l'approbation du roi d'Espagne. Mais,
sans examiner comment nous avions mis quatre-vingt
mille hommes sous les armes pour aller le délivrer sans
avoir la certitude *positive* qu'il ratifieroit les moyens em-
ployés pour arriver à ce but, légèreté dont il n'y a pas

été que des illusions; aussi n'ont-elles été of-
fertes que comme des possibilités qu'on livre à
la discussion tant que les événemens sont encore loin, mais qui s'évanouissent d'elles-mêmes
à mesure que les événemens approchent. Personne n'a cru que Ferdinand, assez infortuné
pour n'avoir pu contribuer à la délivrance de
son royaume, assez infortuné pour n'avoir pu
gouverner la société que Dieu lui a confiée,
ni selon la constitution qu'il a jurée, ni selon
ses volontés, seroit assez heureux pour s'élever
jusqu'à en être le législateur, aussitôt que l'armée française triomphante l'auroit remis en
possession de son pouvoir. S'il avoit voulu être
le législateur de l'Espagne, ainsi qu'il en avoit
pris l'engagement, le temps, ni les conseils ne

---

d'exemple dans l'histoire; pour obtenir sa délivrance,
n'avions-nous pas exposé au hasard de la guerre la vie de
l'héritier présomptif de la couronne de France? A ce prix
offert, que pouvoit donc refuser le roi d'Espagne? Qu'a-
voient mis en balance les cabinets qui sont venus contra-
rier les arrangemens faits par le Dauphin? Un mot dit
tout haut à la France, et la question auroit été décidée.
Mais il nous a manqué un ministère qui eût une autre
volonté arrêtée que celle de sa conservation. Il est là
après comme avant les événemens. Qui donc oseroit se
plaindre?

lui ont manqué. Les Français qui comprennent, et qui ont lu le discours du Roi de France à l'ouverture de la présente session, savent bien que ce qui a rapport à la liberté de Ferdinand, et surtout à l'usage qu'il doit en faire, est un conseil paternel adressé à ce souverain dans son intérêt, dans l'intérêt de l'Europe, et non un engagement pris par la France de ne déposer les armes que lorsqu'il sera devenu le législateur de son pays. On ne prend pas sérieusement de ces engagemens-là ; mais la plus haute sagesse peut essayer de faire entendre à un prince, tombé sous le joug effrayant des intérêts les plus opposés, qu'une transaction nécessaire est encore honorable quand elle paroît faite de propre mouvement. Cependant, si Ferdinand est sourd à ce conseil, nos armées n'entreront pas moins en Espagne. Il y a donc des motifs qui reposent sur des faits, et non sur des espérances ou sur des abstractions plus ou moins constitutionnelles.

Les motifs avoués aujourd'hui se réduisent à deux qui méritent d'être examinés avec un peu d'attention : 1º. l'intérêt du commerce considéré seulement dans nos départemens voisins des Pyrénées ; 2º. la crainte que l'esprit d'innovation, qui agite l'Espagne, ne réagisse sur la France, et ne réveille des passions qui nous ont été si fatales ; c'est ce qu'on appelle *contagion morale* (1).

Il est certain que la guerre civile existe en Espagne, que son principal théâtre se rapproche de nos frontières, et que la guerre civile, nuisant à la consommation, menaçant toutes les propriétés, faisant disparoître la sûreté des communications, n'a jamais été favorable au commerce. Cette vérité est de tous les temps ; mais il appartient à nos jours de chercher, dans une guerre réglée entre deux nations voisines, les moyens de rétablir des transactions commerciales troublées par l'effet inévitable de la guerre civile.

Pour diminuer ce qu'il y a de choquant dans ce prétexte d'hostilités, on dit que la France ne fera pas la guerre à l'Espagne, mais seulement au parti des Cortès, parti qu'on déclare foible, isolé des intérêts nationaux quand on veut prouver qu'il ne s'agit que d'une expédition et non

---

(1) Cette expression, prise d'une note diplomatique anglaise, peut servir à montrer comment on présentoit alors la France aux étrangers ; elle a été adoptée et développée par M. de Châteaubriand, alors ministre des relations extérieures.

d'une guerre dont le terme resteroit incertain ;
mais qu'on représente comme assez fort pour
agiter l'Europe entière, quand on veut établir
la nécessité morale de s'armer contre lui. Il y
a un peu de vérité actuelle dans ces deux manières si différentes de considérer l'état de l'Espagne ; mais la vérité d'hier n'est déjà plus celle
d'aujourd'hui ; et les événemens peuvent la
modifier encore jusqu'à n'en faire qu'une dé-
plorable illusion.

Sans doute si la partie de la nation espagnole
qui n'est pas encore liée à la révolution parce
qu'elle ne la comprend pas, et que ce qui ne présente que des modifications dans l'action du
pouvoir n'arrive que bien lentement jusqu'à
ses intérêts ; si, dis-je, cette immense partie
de la nation restoit neutre, les chances d'un
succès rapide augmenteroient pour l'intervention armée ; mais qui pourra rester neutre
quand la guerre étrangère s'unira à la guerre
civile ? Accablée de la présence des étrangers,
tyrannisée par les mesures du parti qui possède
le pouvoir, et sait qu'il doit tout perdre si le
pouvoir lui échappe, l'Espagne entière sera
bientôt forcée de participer au double mouvement qu'elle va éprouver. La main qui, ostensiblement ou secrètement, dirigera le système

défensif des Cortès, seroit bien maladroite si elle ne parvenoit pas à rendre la guerre nationale, car ce qu'il y auroit de plus difficile au monde seroit d'empêcher qu'elle ne le devint (1).

---

(1) La main qui pouvoit diriger le système défensif des Cortès s'est retirée aussitôt que l'Angleterre, par les paroles de M. Canning, eut repoussé toute crainte d'une guerre générale. Après des promesses assez solennelles pour exciter une persévérance dont on croyoit avoir besoin, on s'est contenté de dire à Londres, quand le danger a été passé : les Cortès n'ont rien fait pour nous. En effet, les Cortès ne vouloient pas plus renoncer au bénéfice des colonies espagnoles que ne le veut le parti du pouvoir absolu ; et la raison de cette unité de vue est dans la force même des choses, qui fait sentir à l'Espagne que la prolongation de son existence tient à ses propriétés dans le Nouveau-Monde. La Russie jette en avant l'espérance vague d'un congrès, qui termineroit la lutte entre la métropole et les colonies ; l'Angleterre fait sentir au pouvoir légitime, comme aux pouvoirs de circonstances, que la solution de cette grande question dépend beaucoup plus d'elle que d'un congrès. Le besoin de vivre laisse donc tous les partis en proie à des craintes et des espérances, qui les mettent à la merci d'une politique étrangère, dans laquelle nous ne sommes pour rien, malgré le succès de notre intervention. En attendant, les événemens marchent. On auroit tort, cependant, de comparer le mouvement d'indépendance des colonies es-

Je sais tout ce qu'on attend de la sagesse de
notre armée, et j'admets cette sagesse dans le
plus haut degré qu'on puisse l'espérer; généraux et soldats prendront pour modèle de raison, d'humanité, de générosité l'illustre chef
que le Roi a choisi pour les commander. Mais
est-on toujours maître d'être équitable à coups
de canon, et le courage armé, au milieu des
périls et des privations, met-il la patience au
nombre des vertus qui lui sont faciles ? C'est la
guerre que nous faisons, c'est la guerre que
nous portons sur le territoire espagnol ; je ne

---

pagnoles à ce qui s'est passé dans la guerre entre l'Angleterre et ses colonies. Les États-Unis d'Amérique,
comme l'Angleterre, avoient des principes de droit public, des institutions favorables au développement de la
civilisation, en un mot, toutes les conditions d'un peuple libre; en reniant la suprématie de la métropole, en
en secouant le joug, tout étoit accompli par les Améri-
cains, car le reste étoit fait d'avance. Il n'en est pas de
même des colonies espagnoles; elles n'étoient pas pré-
parées pour la liberté; aussi n'y remarque-t-on encore
d'unité dans les vues que pour l'indépendance du territoire; sur tout autre objet il y a hésitation et trop de
place pour les ambitions particulières. Mais si, dans la
guerre entre l'Angleterre et ses colonies, il y avoit force
égale de civilisation, il y a ici foiblesse contre foiblesse,
et tout se compense.

dirai pas que la guerre est sujette à des chances
variées ; on croiroit que je doute de nos succès
réguliers et sans interruption. Mais la guerre
offre des combinaisons infinies parmi lesquelles
on peut faire entrer, de la part des Espagnols
combattant pour l'indépendance de leur territoire, le projet hardi de violer le nôtre, non
pour avancer vers le centre, non pour nous
donner des conseils politiques, mais pour porter le fer, le feu, tous les ravages d'une horde
barbare dans nos possessions ouvertes. L'in-
cendie du Palatinat sera toujours un exemple
de ce qu'on peut oser dans des combinaisons
militaires. Le but des chefs espagnols armés
pour les Cortès seroit d'exaspérer notre popu-
lation, d'exalter les esprits, de les faire sortir
de cette sagesse qu'ils doivent redouter, d'atti-
rer de cruelles représailles, et de rendre la
guerre nationale au point d'en faire un combat
à mort partout où un Français et un Espagnol
se rencontreroient (1). Les Cortès savent l'effet

---

(1) Le seul des généraux liés au parti des Cortès qui
n'ait point hésité sur les conséquences de la position qu'il
avoit acceptée, Mina, s'est présenté sur nos frontières,
mais seulement pour tâter ce qu'on appeloit notre *contagion morale*, tant il est vrai que la même crédulité se
rencontre souvent à l'extrême des partis opposés. Il n'est

qu'a produit, même à Paris, la nouvelle répandue que notre territoire avoit été violé; ils nous ont entendu avouer que Buonaparte n'a succombé que parce qu'il avoit contre lui l'Espagne entière dans chacun des individus qui la composent; que nous allons à eux dans une autre situation et d'autres desseins; que c'est sur ces différences que nous risquons notre entreprise et que nous fondons l'espoir de nos succès; ils doivent tout tenter pour exciter les mêmes passions qui ont fait échouer Buonaparte; et cela n'est pas hors de possibilité s'ils sont dirigés par ce qu'il y a de plus redoutable en Europe, toutes les fois que la profondeur des calculs peut s'unir aux actions de la guerre. Nous ne prétendons pas attaquer l'indépendance territoriale de l'Espagne; nous allons seulement au secours d'un Roi et d'une nation opprimés;

---

pas moins remarquable de lire, dans les nouvelles de Madrid, qu'un prince de la famille royale, qu'on annonçoit comme devant faire un voyage en France, n'y viendra pas, dans la crainte de la *contagion morale* qu'il pourroit recevoir de la forme de notre gouvernement. Ainsi, dans l'espace d'une année, la constitution des Cortès auroit été une *contagion morale* pour la France, et la constitution de Louis XVIII une *contagion morale* pour l'Espagne. Les folies sérieuses ont aussi leur côté plaisant.

je n'en doute pas; mais, par l'effet du système
politique de Philippe II, les Espagnols sont de
leur nation exclusivement. Tout consiste donc,
de la part des chefs et des soutiens de la révolution, à faire croire et sentir à ce peuple
qu'une armée étrangère, qui occupe ses provinces, attaque l'indépendance de son territoire.
Les malheurs qu'entraîne nécessairement la
guerre, le ressentiment français provoqué par
des cruautés, peuvent rendre cette idée populaire.

En unissant nos soldats à un des partis qui
divisent l'Espagne, nous sera-t-il possible de
servir des passions, même légitimes, et de ne
pas les partager? Quand les passions légitimes
prennent les armes, elles ressemblent, dans
leurs effets, à toutes les passions armées. En
lisant l'histoire de nos guerres civiles et religieuses, pourroit-on dire qui, du parti catholique ou du parti protestant, avoit le bon droit
de son côté, si on ne consultoit que la férocité
des actions? Hélas! les meilleures opinions
n'ont jamais été une garantie des moyens qu'on
emploiera pour les faire triompher, dès qu'on
est réduit à en appeler à la force; et ceux qui
souffrent n'ont jamais manqué de raisons pour
se sanctifier dans leurs vengeances, tant qu'ils

ont encore à combattre pour le succès de la
cause qu'ils ont embrassée. Dans ces situations
terribles, où tous les liens sont rompus, même
ceux de famille, l'histoire gémit et n'accuse
pas. Nos soldats regarderont-ils de sang-froid
les vengeances du parti qu'ils auront fait triompher? ils ne le pourront pas. Tenteront-ils de
s'y opposer, et le pourront-ils ? Mais aussitôt
que ce parti se croira triomphant (et on l'est
bien souvent dans les guerres civiles avant de
l'être tout-à-fait), la fierté naturelle aux Espagnols leur permettra-t-elle de croire que leurs
succès ne sont pas dus à leur courage seul, et
qu'en acceptant les Français pour auxiliaires
ils ont consenti à les reconnoître pour juges
de ce qu'ils se doivent à eux-mêmes (1)? Inévitablement nous partagerons toutes les chances
de réaction que les événemens de la guerre
peuvent amener; et la sagesse, la modération
de notre armée, cédant devant le besoin d'une
juste défense, la guerre que nous ne voulons
pas faire à la nation espagnole n'en deviendra

---

(1) Avant même que nous eussions délivré le roi Ferdinand, le parti qui triomphe nous avoit déjà fait entendre qu'il nous avoit appelés pour servir ses passions, et
qu'il ne nous permettroit pas d'en arrêter les effets.

pas moins nationale en Espagne contre nous.

Le parti des Cortès a le pouvoir; il peut en user jusqu'à établir l'unité parmi les siens; la terreur produit cet effroyable effet; tous les peuples en ont offert des exemples, et, nous, le plus mémorable de tous. Le parti auquel la France porte secours, ou qui offre ses secours à la France, est divisé et doit l'être, puisqu'il manque d'unité de pouvoir, qu'il est libre de reconnoître ou de répudier alternativement la même direction, sans autre motif, pour les dissidens, que leurs vues personnelles et la manière de considérer la conduite de leurs chefs; sans autre effort que de se séparer de ceux auxquels ils s'étoient ralliés; sans en rien redouter dès qu'ils les abandonneront, puisque, guerriers volontaires, ils pourroient se tourner contre qui voudroit les contraindre, et mettre la guerre civile dans le parti comme elle est déjà dans la nation. Je ne présenterai pas ces chances seulement comme probables, mais comme à peu près impossibles à éviter pour peu qu'on n'atteigne pas le but de l'intervention armée avec la rapidité de l'éclair. Nous savons déjà les divisions qui existent entre les agens civils et les agens militaires; elles ont éclaté par des défaites, et s'augmenteroient

par des succès, puisque les succès ne peuvent
que donner plus d'activité aux prétentions. Ce
sont de terribles obstacles que les agens civils
dans les guerres de partis; je ne connois pas
de cause qu'ils n'aient contribué à faire perdre. Si on ajoute les trois intentions distinctes
qui se réunissent chez nous sous la bannière
de l'intervention armée, l'impossibilité qu'elles s'accordent quand la victoire forcera de déclarer un résultat, on connoîtra combien de
divisions fatales peuvent éclater avant, pendant et après les combats (1). L'effet inévita-

_____

(1) Grâce aux incertitudes des généraux, aux ordres
des Cortès, grâce surtout à la glorieuse rapidité avec laquelle nous avons atteint le but avoué de notre intervention, qui étoit la délivrance du Roi, les divisions
qu'on pouvoit craindre pendant la guerre n'ont éclaté
dans toute leur sincérité que lorsqu'il a fallu décider
quel seroit le résultat de la victoire. Avant les hostilités, les trois opinions françaises favorables à l'intervention n'étoient pas d'accord sur les motifs qui nous
portoient à entrer en Espagne; aujourd'hui elles se disputent sur les motifs qui nous engageroient à en retirer
nos troupes. De même que nous avons été conduits à
entrer en Espagne, parce que nos ministres ont toujours cru qu'il suffiroit d'en menacer les Cortès, de même
nos ministres pourroient bien ne parler de retirer nos
troupes que comme d'une menace faite au parti du pou-

ble de ces divisions sera de rendre la guerre
nationale en Espagne ; alors tout ce qu'on aura
dit pour décider l'intervention armée, tombera
de fait ; il ne restera qu'un combat de peuple
à peuple qui ne pourra finir que par le triomphe des Cortès ou le rétablissement du pouvoir absolu, deux chances qui nous seront
également défavorables en Espagne, puisque
d'autres puissances y auront soutenu, dans des

---

voir absolu, et se trouveroient fort embarrassés si cette
menace étoit reçue comme un bienfait. Ce n'est pas là de
la politique. Renoncer à la direction de l'Espagne, qui
ne veut ni ne peut se laisser diriger par nous, seroit
une chose sage. Après avoir dépensé trois cents millions
sans résultat assuré, il seroit temps de réfléchir que l'Angleterre s'est placée en dehors de la Sainte-Alliance
bien plus comme nation riche que comme nation libre.
Elle ne vouloit payer ni de sa fortune acquise, ni du développement de sa prospérité, les expériences à faire sur
l'art de soumettre toutes les parties du monde civilisé à
un seul système. Il est vrai que nos politiques chevale-
resques reprochent à la Grande-Bretagne de n'être qu'une
nation marchande ; mais, en vérité, si la France n'étoit
pas aussi tant soit peu marchande, on ne voit pas comment elle auroit acquité quinze cents millions pour sa li-
bération, fourni aux frais de la guerre d'Espagne, et seroit jugée encore assez riche pour offrir huit cents millions
en indemnité aux émigrés.

vues particulières, ou la cause du pouvoir absolu, ou la cause des Cortès, et que notre
cause à nous est un terme moyen qui se perd
dans le vague, et n'en sortira jamais. Cela ne
rétablira pas les relations de commerce inter-
rompues entre les provinces frontières, et at-
taquera dans tous ses élémens notre fortune
industrielle et commerciale. Mais il est temps
de laisser les petits intérêts marchands et lo-
caux qu'on a mis en avant pour se donner
l'apparence d'une raison de plus, et d'aborder
franchement la question de haute politique
renfermée dans la nécessité de repousser la
contagion morale.

La première fois que j'ai entendu dire qu'il
falloit s'armer pour renverser la constitution
des Cortès, parce qu'elle pouvoit être conta-
gieuse pour la France, je me suis demandé si
nous vivions sous un pouvoir absolu et tyran-
nique; si nous avions une révolution à faire
pour obtenir de la fixité dans nos lois fondamentales; si nous en étions encore à désirer la
déclaration solennelle de nos droits publics;
s'il manquoit quelques promesses royales à
l'accomplissement des vœux formés par l'immense majorité des Français à travers les trente
années qui ont agité si violemment notre

existence. J'ai ouvert la Charte donnée par
Louis XVIII, je l'ai lue de nouveau; et, la
comparant à la constitution faite par les Cortès,
j'ai trouvé que notre Charte étoit parfaite dans
ses bases et dans la distribution des pouvoirs,
tandis que la constitution espagnole, plus soi-
gnée, plus achevée dans des détails qui ne
tiennent pas à l'ordre constitutif, pèche essen-
tiellement dans la formation des pouvoirs et
dans la liberté nécessaire à leur action. Si on
donnoit les deux ouvrages à juger, comme ouvrages, aux esprits éclairés de l'Europe, il n'y
auroit point partage de voix; tous convien-
droient que la Charte donnée par Louis XVIII
s'applique à un peuple dont la révolution est ter-
minée; et que la constitution des Cortès n'est ap-
plicable qu'à un peuple qui entre en révolution.
La Charte royale est bonne en ce qu'elle répond aux besoins connus de la société pour laquelle elle a été faite; la constitution des Cortès a des défauts qui frappent, positivement
parce qu'elle a été faite pour des besoins et
dans des circonstances qui aujourd'hui ne sont
plus les mêmes. Ces vérités sont d'une évidence
telle que personne ne les a niées jusqu'ici, pas
plus ceux qui blâment l'intervention armée,
qui en redoutent les conséquences, que ceux

qui l'approuvent et en attendent les plus heureux résultats. On peut donc demander sur quoi on suppose que la France iroit chercher, dans la constitution *écrite* des Cortès, des garanties qu'elle n'y trouveroit pas, et qu'elle trouve *écrites* clairement dans la Charte royale.

Pour qu'on pût craindre que la France, profondément instruite par les événemens, se jetât dans une révolution nouvelle pour tenter de nouvelles expériences constitutives, il faudroit avouer que la France tremble pour ses libertés, qu'elle est blessée dans ses intérêts et ses justes prétentions, qu'un avenir menaçant s'avance vers elle, et semble l'avertir que les meilleures constitutions ne sont rien tant qu'elles ne sont qu'écrites, qu'elles n'ont de valeur qu'autant qu'exécutées franchement elles remplissent les vœux du législateur suprème, en calmant toutes les alarmes, consolidant tous les intérêts, et faisant la part de toutes les vanités. Qui oseroit dire que telle soit la situation de la France? Et cependant que dit-on quand on présente la révolution active de l'Espagne comme une contagion morale qui peut nous atteindre ? En sommes-nous déjà à ce point que les malheurs de la guerre civile, l'agitation d'un peuple en révo-

lution, le désordre et les cruautés insépa-
rables des troubles domestiques, au lieu de
nous inspirer de la pitié, exciteroient nos
désirs ? Quelle nation libre et heureuse a jamais envié pour elle l'infortune d'une nation
plongée dans un état d'incertitude et de con-
fusion ? Car enfin, tel est l'état positif de l'Espagne; et sa constitution qui, en théorie, ne
vaut pas la nôtre, n'a rien offert jusqu'ici de
si rassurant dans la pratique que les faits
puissent éveiller les espérances, et faire naître
de séduisantes illusions. Otez des événemens
qui se passent en Espagne cette idée généralement répandue, et trop hautement avouée
par un parti imprudent, que c'est le commencement d'un combat général entre le système
du pouvoir absolu et le système des libertés
nationales, vous ne trouverez pas, en France,
un homme sur mille qui porte aux Espagnols
un autre intérêt que celui qui est dû à leurs
malheurs présens, intérêt agrandi par la conduite héroïque qu'ils ont tenue pendant l'absence de leur Roi.

Mais toutes les idées changent, tous les sentimens se déplacent, s'il est possible en effet
de considérer l'Espagne comme une arène où
les diverses formes de gouvernement que l'Eu-

rope admettoit autrefois, doivent se combattre jusqu'à ce que le pouvoir absolu écrase toutes les libertés, ou que les libertés triomphent du pouvoir absolu; car alors les premiers intérêts de la civilisation se trouveroient compromis.

Dans ce cas, on auroit raison de craindre que les passions qui agitent l'Espagne ne se communiquassent, et cette crainte pourroit être calculée avec précision dans les divers pays qui prennent hautement parti pour le maintien des libertés constitutionnelles. Elle seroit nulle en Angleterre, où les lois fondamentales sont depuis long-temps affermies, où elles sont défendues par tous les partis, où tous les dissentimens disparoissent dès qu'il faut l'assentiment de tous pour conserver ce qui est; elle seroit grande en France, où nos lois fondamentales ont à peine eu le temps de s'affermir, où les partis ne sont pas également convaincus de la nécessité de les conserver, de les défendre; où surtout l'intervention armée contre des opinions politiques excite d'autant plus d'appréhension, qu'il est impossible de croire qu'elle fera triompher en Espagne un parti modéré qui n'y existe pas; dès lors il est permis de redouter qu'elle ne tourne, bien qu'involontairement, au profit du pouvoir absolu considéré comme système

6

général. A l'idée d'un avenir aussi épouvantable, il n'y a plus d'esprits neutres; quelque chose de plus sinistre que ce qu'on appelle contagion morale apparoît dans un sombre nuage ; on sent que la révolution pourroit renaître en France, cherchant un point d'appui au dehors, et assez malheureuse pour le rencontrer en Espagne, et peut-être encore autre part.

Loin de dissimuler cette appréhension, les cœurs les plus dévoués à nos princes légitimes l'exaltent avec douleur; les esprits les plus monarchiques en sont continuellement préoccupés. Les hommes qui s'animent dans les discours publics pour écarter ces pensées accablantes n'ont plus la même assurance dans les conversations particulières; ils arrangent les événemens comme si on étoit maître des événemens dans le mélange de la guerre et des discordes civiles; ils essaient de justifier les intentions comme si les intentions avoient jamais garanti l'avenir; ils se portent caution de la pureté des sentimens des souverains; mais qui les accuse? personne. Les événemens les ont transportés sur tous les points de l'Europe; partout on les a vus, on a communiqué familièrement avec eux; on sait qu'ils ont les lumières de leur siècle, et qu'ils n'en ont pas les vices; mais les vices sans les lumières s'agitent quelque part; ils se coalisent; on le sent, on s'inquiète; et la prévoyance des événemens ne sert qu'à les rendre tous plus faciles (1). Faut-il qu'ils soient entamés pour commencer à

---

(1) Les vices sans les lumières sont l'ambition, l'hypocrisie, et la folle et cruelle prétention de refaire une civilisation que l'on condamne sans être capable de la juger. Les jésuites se sont établis pour vaincre la réforme; ils n'ont rien vaincu; ils ont amené de terribles événemens; et cependant la tolérance religieuse reste la doctrine *avouée* de presque tous les gouvernemens de l'Europe. Les jésuites ne peuvent reparoître que pour attaquer notre état social dans ses bases, leurs doctrines étant opposées aux libertés religieuses comme aux libertés politiques. Est-il étonnant que la société s'inquiète? On s'est demandé souvent quels sont les auteurs des révolutions; la réponse est simple : ceux qui sont à la tête des affaires publiques, et ne savent rien prévoir. Toutes les causes de nos divisions disparoissent; la diversité de nos opinions sur quelques questions de politique et d'administration se renferment dans le cercle tracé par nos lois fondamentales, et les discussions ne peuvent plus maintenant qu'entretenir le mouvement social dont nous avons besoin. Pourquoi donc laisser s'introduire de nouveaux motifs de dissensions? Croit-on rassurer les esprits en disant qu'il y aura toujours plus d'hypocrites en expectative que de places à donner, et qu'ainsi les jé-

réfléchir sur les moyens de les arrêter ? Loin
que la guerre que nous portons en Espagne
puisse paroître une garantie contre ce qu'on
appelle la contagion morale, qui peut nier
qu'elle n'ait divisé les esprits, donné plus d'ar-

---

suites n'auront jamais un assez grand nombre de partisans actifs pour réussir. Mais ce sont les projets qui ne
réussissent pas qui font le plus de mal à la société. La
révocation de l'édit de Nantes a-t-elle eu le résultat qu'on
en attendoit ? Les projets de l'assemblée constituante ont-
ils réussi ? et ceux de la convention ? et ceux du direc-
toire ? et ceux de l'empire ? quels maux n'ont-ils pas
répandus sur la France ? Tout combat de doctrines est
mortel à la société. Si nos doctrines publiques ne sont pas
seules celles du gouvernement établi, s'il est permis d'en
proclamer d'autres, fût-ce sous le manteau de la religion, nous rentrerons bientôt dans une nouvelle car-
rière de malheurs; et certes, ce qu'il y aura de plus
affligeant, sera de voir trop tard que les projets des
fauteurs politiques de la théocratie ne pouvoient réussir,
car les projets qui réussissent donnent du moins quelque repos à la société. Par la tolérance religieuse de
l'Europe, s'avançoit l'émancipation des catholiques d'Ir-
lande ; le terme paraissoit prochain ; le voici reculé d'une
manière indéfinie, depuis l'intention publiquement déclarée dans quelques parties du continent de faire encore une fois de la religion un moyen politique. Quel
bien la faction jésuitique peut-elle mettre en compensation avec ce triste résultat ?

deur aux passions, qu'elle n'ait fait naître entre les partis des soupçons qui les aigrissent
réciproquement, et surtout qu'elle n'ait mis
la discorde dans le camp des royalistes? Ce
malheur est plus grand qu'on ne le pense; il
effraie ceux qui savent que les Rois ne tombent
entre les mains sanglantes des révolutionnaires
qu'après que les monarchies ont été perdues
par l'incapacité et la division des partisans de la
royauté. Qu'on lise l'histoire, on apprendra que
les révolutions signalent quelquefois plus de
destructions déjà opérées qu'elles n'en causent,
et que le petit nombre d'amis actifs que les
souverains trouvent au dernier moment du danger ne pourroit se comprendre, si on ne se rap-
peloit en combien de fractions les royalistes s'é-
toient déjà brisés pour des intérêts qui n'étoient
pas ceux des Rois.

Ce qui se passoit en Espagne avant l'établissement d'une armée d'observation, n'avoit
pas été contagieux pour nous, et n'auroit pu
le devenir tant que les Espagnols auroient
été abandonnés à eux-mêmes, et qu'aucune
influence étrangère n'auroit été présumée active dans leurs malheureux débats; mais ce
qui se passe en Espagne, considéré dans la
généralité des intérêts qu'y aperçoivent et les

partisans avoués du pouvoir absolu, et les amis sincères des libertés nationales, ne peut être présenté comme une contagion morale; les noms les plus nobles rendroient à peine justice aux sentimens qui se rattachent au succès de l'indépendance de la nation espagnole; et s'il y avoit le moindre courage à les avouer, aucun honnête homme n'oseroit garder le silence. C'est surtout à ceux qui ne connoissent les dates de la révolution française que par les arrêts de mort dont ils ont été frappés, par les proscriptions qui les ont atteints, par les emprisonnemens qu'ils ont subis; c'est à ceux qui ont lié leur existence à la conciliation sincère du pouvoir et des libertés publiques, et qui n'ont démenti leurs doctrines ni par leurs paroles, ni par leurs actions, qu'il est permis de demander qu'on s'explique enfin sur ce mot *révolution*, avec lequel on prétend faire reculer le bons sens, la prévoyance, la saine politique, et étouffer l'esprit généreux de tous les peuples civilisés de l'Europe. Avant la révolution, avions-nous donc été élevés pour ne sentir que comme des esclaves? Pour qui réclamoit-on les mouvemens de notre cœur en nous initiant aux premières connoissances de l'histoire? Étoit-ce

pour ceux qui attaquoient les libertés ou pour
ceux qui les défendoient? Quelles pensées faisoient pleurer le grand Condé aux vers du
grand Corneille? Dans quels livres français
trouveroit-on le plus léger blâme porté contre
les Suisses bravant les plus grands dangers
pour échapper à l'oppression, contre les Pays-
Bas combattant pour leur indépendance, et
prêts à s'engloutir plutôt que de céder à cette
politique rétrograde aussi offensante pour la
raison humaine qu'effroyable dans ses conséquences matérielles? Toute l'histoire des grands
mouvemens du monde est renfermée dans deux
mots : religion et liberté, parce qu'il n'y a que
la religion et la liberté qui répondent aux besoins des esprits. Avant la révolution, quoi
qu'on ose dire aujourd'hui, tous les sentimens
étoient généreux, et on n'auroit pu sans honte
avancer les maximes dont on ne rougit pas
maintenant. Si l'Europe civilisée admiroit
franchement le courage des peuples contre la
tyrannie, elle blâmoit avec la même franchise
les excès et les crimes populaires. Des têtes
étroites ou des cœurs pervers ne peuvent plus
comprendre le pouvoir que comme ennemi des
libertés, ou les libertés que comme ennemies du
pouvoir; est-ce un motif pour que nous, roya-

listes constitutionnels, nous n'ayons pas tou--
jours la même horreur pour les crimes populaires que l'histoire présentoit à notre enfance,
une horreur plus vive pour les crimes populaires
au milieu desquels nous avons vécu, sans cependant renoncer aux sentimens de libertés publiques avouées par l'Europe civilisée bien des
siècles avant la révolution? Si des probabilités
nous montrent ces libertés compromises d'une
manière générale, nous n'attendrons pas que des
hommes du pouvoir nous disent si nous avons
tort ou raison de prévoir les dangers, si notre
intérêt légitime n'est qu'une contagion morale;
nous n'attendrons pas qu'ils nous révèlent et les
paroles confidentielles des Rois, et le nombre
des soldats que la Providence leur a donnés;
nous consulterons les faits publics, nous les rap--
procherons ; et si notre jugement ne se forme
pas de suite d'une manière irrévocable, il ne
se laissera du moins séduire ni épouvanter par
des mots sonores qui n'étourdissent que les
foibles sur l'incohérence des raisonnemens.

Venons aux faits publics, et commençons
par ceux qui sont consignés dans le discours
de M. de Châteaubriand. « Pourquoi, dit cet
» éloquent écrivain, ne se plaignoit-on pas de
» la perte de notre indépendance, lorsque les

» étrangers exerçoient une si grande influence
» sur notre sort, lorsque l'on consultoit les
» ambassadeurs sur les lois mêmes qu'on ap-
» portoit aux deux Chambres? L'Europe, nous
» disoit-on alors, applaudit à l'ordonnance du
» 5 septembre ; l'Europe approuve le traite-
» ment qu'on fait subir aux royalistes; l'Eu-
» rope, dans des actes publics, vient de dé-
» clarer qu'elle est satisfaite du système qu'on
» suit; et, par considération pour ce système ,
» elle retire ses soldats, elle fait remise des
» subventions. Qui à cette époque, Messieurs ,
» a protesté contre cet abandon de la dignité
» de la France ? » Je nommerois les hommes
qui ont alors protesté non-seulement en faveur
de la dignité , mais de l'indépendance de la
France, si je croyois que le public eût pu
oublier les rédacteurs du *Conservateur;* mais
ce n'est pas d'eux qu'il est question. J'ai annoncé l'intention de rechercher si des faits publics justifioient l'appréhension des royalistes
constitutionnels qui ne crient pas en faveur de
la paix, mais qui voient, dans l'intervention armée contre l'Espagne, la possibilité d'un combat
général entre le système du pouvoir absolu et le
système des libertés publiques ; et je n'ai cité
cette partie du discours de M. de Château-

briand que pour les faits qui s'y trouvent relatés.

C'est donc un fait que les puissances, qui se réunissent si souvent en congrès pour régler les affaires des nations que Dieu ne les a pas appelés à gouverner, ont applaudi à l'ordonnance du 5 septembre ; que leurs ambassadeurs étoient consultés sur les lois qu'on apportoit aux deux Chambres ; qu'elles ont approuvé le traitement qu'on a fait subir aux royalistes, et donné bon certificat en faveur du système qu'on suivoit alors. Pourquoi ces puissances approuvoient-elles à cette époque le contraire de ce qu'on fait aujourd'hui ; et comment donne-t-on leur approbation à ce qu'on fait maintenant comme une garantie de l'avantage qu'il y a à le faire ? Les hommes instruits de tout ce que la politique renferme de contradictions qui cependant vont au même but, ignorent-ils que le cardinal de Richelieu, en frappant en France ce qui nuisoit à l'action de la royauté, n'en excitoit pas moins en Angleterre les mouvemens qui embarrassoient l'action du pouvoir royal, et qui finirent par offrir au monde le spectacle effroyable d'un Roi périssant juridiquement sur un échafaud? Qui ne sait encore que le même cardinal, assez bon catholique pour poursuivre les protestans en

France, les soutenoit au dehors partout où il
pouvoit arrêter la marche des gouvernemens? Si
l'ordonnance du 5 septembre renfermoit des
conséquences embarrassantes pour notre pays,
si le traitement qu'on faisoit subir aux royalistes laissoit entrevoir une réaction qui pourroit, à son tour, enfanter d'autres réactions,
pourquoi les étrangers, cités par M. de Châteaubriand, auroient-ils refusé de pousser à ces
mesures, dans le cas où il seroit entré dans
leurs projets de nous occuper de nos propres
divisions, pour rester plus complétement maîtres d'agir sur d'autres points de l'Europe sans
craindre d'y rencontrer notre influence? Et si
ces mêmes étrangers avoient aujourd'hui un intérêt politique à compromettre, dans une intervention armée, l'étonnante prospérité qui se
réveilloit chez nous, à nous entraîner dans des
démarches qui rendraient long-temps difficile
notre alliance avec l'Angleterre, et qui même
pourroient nous mettre en hostilité avec elle,
seroient-ils blâmables, d'après mille exemples
qu'offre l'histoire, de nous pousser dans le sens
de leurs intérêts plus que dans le sens des nôtres (1)? Quoi qu'on puisse dire des merveil-
leux effets que produiroit une politique gé-

_____

(1) Aucune nation n'est blâmable d'agir dans le sens

nérale, il n'y aura jamais que des politiques nationales. Si Dieu avoit voulu qu'il n'y eût qu'une seule direction des affaires de ce monde, il n'auroit pas séparé les peuples de mœurs, de langages, d'intérêts et de préjugés; il n'a promis la réunion de l'univers qu'à une seule doctrine, jamais sous un seul pouvoir; il a fait des nations, et non des individus n'ayant que l'espace pour patrie. N'est-ce pas déjà quelque chose d'assez miraculeux que trente ou qua-

---

do ses intérêts; et la seule chose extraordinaire de nos jours est certainement de voir des publicistes prétendre qu'une nation pourroit s'amuser à étudier les intérêts des autres nations pour y subordonner les siens. L'idée de considérer la politique sous les mêmes rapports que la morale est commode en ce qu'elle fait honneur aux cœurs sensibles, et dispense de toute étude historique; mais jusqu'ici elle est sans application. Chaque nation doit savoir se défendre des projets des autres nations par sa prévoyance et son habileté, et celles qui succombent dans les combats sourds de la diplomatie, ne peuvent s'en prendre qu'à elles. Si nous avons engagé notre prospérité par notre intervention en Espagne; si nous y avons porté nos richesses sans y obtenir d'influence; si nous ne pouvons en retirer nos troupes par la crainte de résultats qui attaqueroient notre considération; si, par conséquent nous sommes entraînés maintenant à ajouter, chaque jour, à des dépenses ruineuses que l'Espagne ne nous remboursera jamais; c'est nous seuls qui avons fait notre position. Les écrivains politiques peuvent chercher

rante millions d'hommes concourant ensemble
au même but, sous les mêmes lois et la même
volonté? Vouloir plus, ce seroit tenter la Providence. Si la Sainte-Alliance prétend réunir
toutes les nations à un seul principe de gouvernement, elle sait sans doute que les domi-
nations étendues ne peuvent s'affermir qu'en
ployant les esprits sous des doctrines de soumission absolue. Croit-elle que l'Angleterre
puisse ignorer, de son côté, la puissance des

à découvrir comment nous sommes tombés dans les pièges
tendus à notre bonne foi ou à nos passions, mais ils ne
blâment ni les nations qu'on appelle rivales, ni les nations qu'on appelle amies, d'avoir agi dans le sens de
leurs intérêts bien ou mal calculés. Cette politique est de
tous les temps ; il faut l'accepter comme on accepte la
guerre depuis la création du monde, malgré toutes les
raisons morales qu'on peut donner contre. S'il est sensible aujourd'hui pour tous les partis qu'il y a moins
d'indépendance dans nos volontés et plus d'embarras
dans notre position qu'avant notre prise d'armes contre
la *contagion morale ;* s'il est également sensible que les
puissances rivales, ou amies, ou alllées, se retrouvent
au même point d'indépendance et d'influence où elles
étoient avant notre intervention, comme elles n'ont
perdu ni hommes, ni argent, qu'elles n'ont pas même
dépensé de ces paroles publiques qui engagent, il est certain qu'elles ont montré plus d'habileté que nous. C'est
tout ce que je voulois établir.

doctrines sur la durée des alliances entre les
nations? Croit-elle que les peuples libres ne
sentent pas aussi le besoin qu'ils ont de se rap-
procher? Dès lors seroit-il difficile de supposer
un but à l'influence des étrangers qui nous
pousseroient en Espagne, où nous trouverions
les Anglais en opposition plus ou moins déclarée à notre intervention armée, ce qui mettroit la discorde là où les doctrines tendent à
un rapprochement dans l'intérêt général de la
civilisation? Et si l'Angleterre accepte le vœu
de M. Canning : *Liberté civile et religieuse dans
tout l'univers*, qui peut nier la possibilité
fatale d'événemens bien au-dessus de ceux
qu'on fait entrer aujourd'hui dans le domaine
de la contagion morale?

Des faits cités dans le discours de M. de
Châteaubriand, je n'ai voulu tirer que cette
conclusion, que, nous ayant lui-même montré,
plus clairement qu'un ministre du Roi de
France ne devoit peut-être le faire à la tribune, l'action des étrangers sur notre régime
intérieur, et cela en faveur d'un système proscrit maintenant par ces mêmes étrangers, il
ne falloit plus les faire intervenir, même con
fidentiellement, pour rassurer ceux qui crai-
gnent que la cause de l'humanité entière ne se

mêle au projet d'une intervention armée dans
les affaires d'Espagne. La contradiction dans
les influences politiques n'est pas de sa nature
une chose fort rassurante.

Je crois sincèrement que les souverains
voudroient voir l'Europe raffermie; je crois,
comme les souverains, que cela ne se peut que
par la paix générale entre les grandes puissances, et par la tranquillité intérieure de
chaque nation; mais il ne m'est pas possible
de croire qu'une intervention armée ne me-
naceroit pas la paix générale, et que la tranquillité de chaque nation soit indépendante de
la satisfaction donnée aux peuples, selon le
degré de civilisation où ils sont arrivés; car
tous n'ont pas besoin de liberté, et surtout
n'ont pas besoin d'une égale portion de liberté.
Partout où la civilisation n'est pas assez avancée pour que la société ait une volonté, et
puisse l'exprimer, les peuples trouvent dans
le pouvoir des Rois le premier mobile et la
plus sûre garantie des développemens vers
lesquels ils tendent. Tous les États de l'Europe
ont été dans cette situation. Ceux qui y sont
encore vont en avant, et les Rois les guident;
ceux qui sont riches d'industrie, d'expérience,
et par conséquent de situations indépendantes,

prêtent le secours de leurs lumières aux gouvernemens, en vertu des lois fondamentales
qui les appellent, dans des formes détermi-
nées, à délibérer sur les intérêts généraux ; certes, il n'y a pas là de quoi diviser l'Europe (1).

---

(1) Les royalistes constitutionnels n'ont jamais nié les
obligations que les peuples de l'Europe ont contractées
envers la royauté ; ils n'ont jamais conçu la liberté indépendamment du pouvoir royal, ni comme un fait appli-
cable à toutes les nations. Loin d'être propagandistes , il
est remarquable que leurs doctrines n'ont d'application
possible qu'à un état de civilisation déterminé. C'est ce
qui les distingue des révolutionnaires , dont l'esprit de
prosélytisme est d'autant plus vif qu'ils procèdent par
des maximes générales, sans tenir compte du positif de
la société, et des absolutistes, trop ignorans pour savoir
que les degrés de civilisation établissent des différences
dans la manière d'affermir le pouvoir. Les révolutionnaires font sortir la liberté des droits de l'homme , qui
ne sont qu'une généralité ; les absolutistes basent le pouvoir souverain sur quelque chose hors de l'organisation
sociale ; les royalistes constitutionnels fondent la royauté
et les libertés sur des principes de droit public qui sont
nationaux, qui ne peuvent être que nationaux, car tous
les peuples n'ont pas des principes de droit public ; c'est
le plus haut degré de la civilisation. Ceux qui ne com-
prendroient pas cette distinction, que je développerai
un jour, n'ont qu'à lire la Charte qui nous régit ; ils
verront si Louis XVIII a fondé nos libertés sur les droits

Et cependant c'est vers une division redoutable
que les événemens semblent l'entraîner, positivement parce que les opinions sont entrées
dans la politique bien au-delà de ce que la raison avoue; or, dès que le pouvoir absolu convient qu'il redoute les opinions, il y a défaut
de logique à ne pas admettre qu'à leur tour
elles ont le droit de s'alarmer. Au lieu de confondre ce qui appartient au mouvement naturel de la civilisation avec ce qu'on appelle d'une
manière trop générale *la révolution*, il auroit,
fallu distinguer, afin de ne pas blesser l'orgueil des établissemens fondés, de ne pas
heurter les sentimens généreux dans toute
l'Europe, de ne pas irriter les amours-propres,
en ayant l'air de croire que les exagérations

---

de l'homme, ou sur *les droits publics des Français*. La
déclaration de ces droits précède et domine tout l'ouvrage. Le Roi n'a fait que les déclarer, parce qu'il faut
qu'ils existent réellement pour qu'on puisse les écrire ;
on ne les invente, ni ne les suppose, comme on ne pourroit les méconnoître impunément : les royalistes constitutionnels ne sont pas propagandistes par cette raison
même qu'il est impossible de transporter à une nation
les droits publics d'une autre nation. Il n'y a que la civilisation qui fasse de pareils prodiges, et ce n'est jamais
sans modification.

7

qui ont fait le succès des révolutionnaires, s'adressant aux passions de la multitude, réussiroient auprès des gens instruits et désintéressés dont l'influence est d'autant plus décisive qu'ils interrogent les faits, plus francs en général que les paroles.

Or, c'est un fait public que l'Europe chrétienne, sous la direction d'une Alliance qui s'est appelée Sainte, a repoussé les chrétiens de la Grèce, et que les royalistes français qui, de premier mouvement, avoient pris intérêt à cette cause sacrée, se sont tus aussitôt qu'un journal, défenseur officiel de la Sainte-Alliance, leur a donné pour mot d'ordre que le soulévement des chrétiens, opprimés par des Turcs, se lioit à la *révolution*, et avoit été tramé dans l'ombre par le *comité directeur*. Dans cet abandon général d'un peuple malheureux, dans cette accusation portée par les souverains, que pouvoit faire alors un homme de bon sens ? Lire l'Ecriture Sainte, en substituant partout le mot *révolution* au mot *religion*, et le nom de *comité directeur* au nom de l'*Éternel*; car rien ne devoit plus rester vrai dans les temps passés, si les Grecs de nos jours n'étoient que des révolutionnaires soulevés contre un pouvoir légitime. Que n'a-t-on pas dit contre eux ?

Que la patience avec laquelle ils avoient supporté le joug des Ottomans les avoit tellement
avilis, qu'ils ne pouvoient inspirer aucun intérêt, même lorsque leurs femmes et leurs en-
fans étoient assassinés, ou livrés, à prix d'argent, à la profanation des Turcs; qu'ils étoient
divisés et s'égorgeoient mutuellement en présence de leurs ennemis; qu'ils étoient fanfa-
rons et lâches, qu'ils haïssoient les catholiques
plus que les muslmans, dans l'espoir sans doute
de nous faire haïr les Grecs plus encore que
leurs bourreaux. Déclarés avilis pour avoir
supporté l'esclavage, et révolutionnaires pour
tenter d'en briser le joug, avec quelle pres-
cience hostile on annonçoit leur ruine totale!
avec quelle joie barbare on grossissoit leurs
défaites! Leurs efforts vers la liberté étoient condamnés d'autant plus sévèrement qu'ils devoient, disoit-on, troubler la paix de l'Europe : aussi les repoussoit-on sans pitié ; et,
s'ils avoient tous disparu de la surface de la
terre, je crois qu'on auroit fait des feux de joie
dans tous les pays chrétiens. Ils vivent ; ils
seront libres ; la paix de l'Europe n'en sera
pas autrement troublée; et nous verrons ceux
qui les avoient condamnés, travailler chacun
à les faire entrer dans leur politique particu-

lière, tout en ne parlant que des intérêts de
la politique générale (1). Croit-on que ces faits
soient sans moralité ? Oublie-t-on que nous
vivons à une époque où les événemens de
chaque jour sont mieux jugés par les contem-
porains, que l'histoire ne juge aucun des événemens passés ? Que doivent donc souffrir les
peuples avant d'avoir le droit de se plaindre et

---

(1) Cette vérité a acquis beaucoup d'évidence depuis
un an. Les Grecs n'ont dû jusqu'ici qu'à leur courage
l'espoir toujours croissant de leur émancipation. Après
avoir été déclarés des révolutionnaires incapables de supporter la légitimité des Turcs, après l'affirmation faite plusieurs années de suite qu'ils ne pouvoient devenir libres
sans que l'Europe en fût ébranlée, on commence à parler de l'avantage qu'il y auroit d'assembler un congrès,
ou quelque chose de semblable, pour les faire entrer
dans la politique générale. Le moment sera critique pour
eux, car on discutera leur existence dans l'idée de satis-
faire des intérêts qui ne peuvent se concilier. S'ils ne se
livrent pas à un faux enthousiasme, s'ils ne se font aucune illusion sur les causes secondaires de leurs succès,
pendant qu'on travaillera à les faire entrer dans la politique générale, ils chercheront les moyens de mettre
leur avenir sous la protection d'une politique particulière. Leur existence dépend aujourd'hui de leur habileté
et de leur modération. L'exaltation n'est bonne que pour
les combats.

l'espoir d'inspirer de l'intérêt , si les Grecs
n'ont pas trouvé grâce devant la politique qui
a pris sur elle le repos des nations ?

Loin de moi la pensée d'accuser l'humanité
des gouvernemens. Je sais combien il y a de
choses impérieuses dans la direction des affaires de ce monde, et combien les événemens
imprévus déconcertent souvent les pensées les
plus généreuses : aussi n'est-ce qu'aux écrivains qui se sont faits interprètes de la conduite des souverains que je m'adre   , et je
leur dis qu'en calomniant une cau sacrée ,
qu'en accusant de louables efforts vers'la liberté , qu'en attaquant les plus nobles résultats de la civilisation sous le nom de révolution,
ils ont jeté dans trop d'esprits l'idée pénible que
l'alliance des Rois n'étoit pas assez pénétrée
des besoins des peuples ; qu'un parti dangereux pouvoit abuser de l'horreur légitime que
doivent leur inspirer les mouvemens populaires, pour leur montrer des complots révolutionnaires là où il y a des causes que nos aïeux
appeloient d'un nom honorable; et que par
conséquent la civilisation européenne se trouveroit plus en sûreté par la combinaison d'alliances formées comme autrefois entre des
intérêts qui se combinent, que sous la direc-

tion d'une *politique génerale* qui verroit de
trop haut les intérêts propres à chaque nation ,
pour vouloir les comprendre.

Et de combien d'autres faits ne pourroit-on
pas appuyer de légitimes alarmes , si tout ce
qui s'est passé en Europe depuis la formation
de la Sainte-Alliance étoit aussi à découvert
pour tout le monde, que le soulèvement des
Grecs et la manière dont il a été jugé! Mais il
faut éviter d'aborder ce qu'on peut encore con-
tester, et s'arrêter à l'Espagne, où assez de
choses sont publiques, pour qu'il ne soit pas
nécessaire d'aller jusqu'à celles qui restent
dans l'ombre. Est-il un homme raisonnable
qui ne se soit demandé quelle étoit la force
réelle de ce qu'on appelle la *politique générale*,
dès qu'elle n'avoit pas pu amener le Roi Ferdinand à donner à ses peuples les institutions
qu'il leur avoit promises? Car on ne peut pas
supposer que tous les Rois étoient d'accord
pour le maintenir dans le pouvoir absolu;
l'idée en seroit effrayante, et le dénoûment
assez singulier. Est-il un homme raisonnable
qui ne se soit demandé quelle étoit la force
réelle de la *politique générale* pour amener les
Cortès à rendre à leur Roi la liberté dont il a
besoin pour gouverner? cela, sans recourir à

la force des armes ; car s'il s'agit d'armer et de
tuer pour conserver la paix de l'Europe , et
maintenir la tranquillité intérieure des nations ,
c'est ce qu'on a vu dans tous les temps ; dès
lors la politique générale ne se distingueroit en
rien des politiques particulières ; la Sainte-
Alliance ressembleroit à toutes les ligues qui
se sont formées en Europe, et qu'on n'a pas ap-
pelées saintes ; elle ne seroit remarquable dans
l'histoire du monde qu'en ce qu'elle ne voudroit
pas admettre de contre-poids, combinaison si
nouvelle en politique qu'on ne peut en apercevoir le but, ni en préjuger les effets (1). Ceux

---

(1) La politique de la Sainte-Alliance ne s'est pas ré-
vélée à l'Europe comme une unité depuis que nous avons
replacé le roi Ferdinand sur son trône, puisqu'on n'a
aperçu jusqu'à ce jour que des influences contradictoires
dans le mouvement qu'on a voulu donner au cabinet de
Madrid, et qu'on ignore encore en ce moment quelle direction il recevra. Il n'y auroit donc eu d'accord que pour
employer la force, ce qui n'offriroit rien de plus que ce
qu'on a vu dans beaucoup d'autres alliances, et même
dans les saintes alliances connues sous le nom de Croi-
sades. Je n'ai point de confiance dans la politique de
notre ministère , parce qu'ayant cherché son appui
hors de la France constitutionnelle, il a toujours été et
reste à la merci de tout ce qui est plus fort et plus
habile que lui. Mais on l'accuse mal, lorsqu'on cite contre

qui n'entendroient l'alliance générale des Rois
que par opposition à l'esprit révolutionnaire
qu'on suppose à tous les peuples, auroient
avancé, peut-être sans le vouloir, la possibilité d'une guerre terrible entre les diverses
formes de gouvernement; ils auroient ainsi

---

la manière dont il a agi en Espagne, depuis le rétablissement de Ferdinand, l'exemple de Naples et du Piémont. La révolution réprimée dans ces royaumes, ils sont
tombés de tout leur poids sous une influence sans contradiction; et, pour l'Espagne, au contraire, la question
qu'on ne peut résoudre est d'y établir une seule influence. Ce qui n'étoit pas en faveur de la révolution à
Naples et dans le Piémont, étoit tout préparé à la soumission pour le système opposé; ce qui n'est pas pour la
révolution en Espagne est ce qu'il y a de moins soumis au
monde. Naples et le Piémont sont entrés à la fois dans
ce qu'on appelle la politique générale et dans les convenances d'une politique particulière; il est impossible de
dire ce qu'on feroit de l'Espagne dans la politique générale, et dans les convenances de quelle politique particulière on veut la placer. Enfin Naples et le Piémont se
retrouvent après la révolution avec les moyens d'existence dont ils avoient l'habitude, et l'Espagne éprouve
toutes les convulsions de la misère, accompagnées de
l'horreur du travail et d'un effroi insurmontable des conséquences de l'industrie. Voilà bien des différences dont
les politiques du jour devroient tenir compte avant d'établir des comparaisons.

justifié l'Angleterre si elle se plaçoit à la tête
de l'alliance des peuples ; car elle seroit con-
trainte à opérer des rapprochemens par des
doctrines, sous peine de se trouver isolée en
Europe. Les gens qui vont vite lui ont déjà
fait à cet égard d'étranges révélations et des
menaces plus étranges encore. Il faut donc
toujours en revenir à cette vérité fondamen-
tale que, l'Angleterre ne pouvant rester neutre,
il n'y aura pas de guerre entre la France et
l'Espagne, ou que la guerre entre la France
et l'Espagne sera l'occasion d'une guerre générale dans laquelle se décideront les grands
intérêts de la civilisation. Dès lors peut-on
appeler contagion morale les sentimens généreux, les hautes pensées qui se rattachent à
la possibilité d'un débat politique sans exemple
dans l'histoire du monde ? Cesseroit-on d'être
royaliste pour savoir que la civilisation ne
peut rétrograder maintenant, positivement
parce que sa conservation n'est pas confiée à
un seul peuple ; et que, s'il est vrai, comme le
répète chaque jour le parti ardent , que les
trônes soient solidaires, ils le seroient des défaites comme des victoires , car la solidarité
ne se comprend pas autrement. Cette idée est
d'autant plus déchirante pour les Français ,

que les Bourbons de France sont, par le fait, désintéressés dans la guerre de principes qui menace l'Europe, qu'ils n'y ont rien à gagner et que par conséquent ils y risquent trop.

En effet, lorsqu'il s'agit de décider, les armes à la main, s'il est permis aux peuples de se donner des lois que les Rois accepteroient, ou si les Rois seuls ont le droit de constituer les peuples comme il leur plaît, et quand cela leur plaît, la France se trouve, par le fait, entièrement désintéressée. A travers toutes les révolutions que nous avons subies depuis 1789, aucun établissement politique n'étoit resté entier; et lorsque les Bourbons sont revenus en 1814, nous n'aurions pu leur proposer de jurer la constitution sous laquelle nous vivions, car ils nous auroient répondu : « Sous » quelle constitution vivez-vous ? et quelles » sont les libertés établies que vous voulez » mettre sous la garantie de nos sermens ? » Le Sénat conservateur se jeta en avant, et osa parler au nom de la France; mais il tomba devant le ridicule; il n'avoit jamais représenté pour les intérêts nationaux; il n'avoit rien défendu, rien conservé; et le bon sens, l'esprit des convenances si naturel aux Français, disoient généralement que, dans l'absence de

tout établissement politique fondé, il y avoit
de l'honneur à recevoir du Roi une Charte
présentée comme un acte de pacification générale. Cela n'établissoit pas un droit positif,
car tout droit est durable; et aucune nation ne
pourroit, sans folie, admettre qu'un Roi pût
la constituer sans cesse et à volonté; aucun
Roi ne voudroit accepter ce dangereux privilége : aussi Louis XVIII, avec la sagesse pro-
fonde qui le distingue, posa lui-même des
bornes immuables au pouvoir constituant d'un
seul, donna de la fixité à nos lois fondamentales, en déclarant qu'il ne pourroit y être fait
des modifications que de l'accord et par la
coopération des trois pouvoirs de la société.
Les circonstances, l'assentiment général, le
besoin d'élever de suite le Roi au plus haut
point d'estime qu'un souverain puisse atteindre,
se sont rencontrés pour que nous ayons reçu
de Louis XVIII la Charte qui nous régit. Une
fois promulguée, elle a appartenu à la France
comme un bien qui lui est propre, comme
l'expression de la volonté publique; tous les
esprits sages, même ceux qui ont plus de res-
pect que d'enthousiasme pour la royauté, se
sont accordés pour repousser toute discussion
ultérieure sur les droits constitutifs. En effet,

il est digne de remarque que, depuis long-
temps, on n'imprimoit plus en France d'ouvrages où il fût question de la souveraineté du
peuple, que nos divisions se renfermoient
dans le cercle tracé par la Charte; que nous
interprétions plus ou moins bien ses articles
dans le sens du pouvoir, ou dans le sens des
libertés; mais on ne remontoit pas plus haut.
Il n'en est plus de même depuis qu'on a fait,
des troubles qui ont eu lieu en Espagne, une
querelle de principes dans laquelle tous les
peuples sont intéressés, et qui n'admet plus
de terme moyen. Les esprits se sont émus; ils
sont retombés dans ces réflexions creuses qui
n'ont jamais été et ne seront jamais sans danger, parce qu'il est impossible de les séparer
de l'application qu'on peut en faire. C'est en
étudiant l'histoire qu'on apprend dans quel
ordre les pensées politiques annoncent les
événemens.

La France, constituée par son Roi, ne peut
servir d'exemple à aucune nation, à moins
que les événemens ne se produisent de même,
pas plus que la dynastie des Rois d'Angleterre, acceptant et jurant l'établissement politique fondé à son avènement, ne pouvoit
servir de modèle à la France. Où les circon-

stances sont différentes, les procédés sont
autres. C'est en l'absence de son Roi, et pour
la plus noble cause, que l'Espagne s'étoit
constituée; la constitution n'y a pas été, comme
en France, un traité de paix entre des partis
nationaux, mais, au contraire, une déclaration de guerre à mort contre l'usurpation d'un
étranger; elle a ~ pli sa destinée. Tout annonçoit qu'elle seroit modifiée, même quand
la prévoyance n'en auroit pas été admise dans
la constitution, parce qu'elle ne pouvoit convenir long-temps à un état de paix intérieure.
Le Roi et la nation se seroient trouvés d'accord sur cette nécessité, et rien ne se seroit
opposé à ce que Ferdinand eût l'honneur public des améliorations dans l'intérêt de tous.
Mais la guerre civile a ajourné les améliorations; et, la guerre étrangère venant exiger
ce que les circonstances auroient amené sans
honte et sans violence, tout s'est compliqué
pour ce malheureux pays. La constitution des
Cortès y reste ce qu'elle étoit lors de son établissement, un moyen militaire, et, de plus,
un moyen révolutionnaire. Si on ajoute l'idée
trop répandue qu'un combat général entre les
formes de gouvernemens doit naître de l'intervention armée, puisqu'elle est admise ou

récusée par des nations capables de se tenir
tête , on sentira tout ce qui agite les esprits
en France. Et cependant la France, considérée comme constitutionnelle , étoit la seule
puissance véritablement désintéressée dans
cette discussion de principes , puisqu'elle a
reçu de son Roi, sans contestation, la Charte
qui la régit , et que depuis long - temps ses
vœux se bornoient à en voir l'exécution franchement assurée. Quelle espérance secrète a
donc entraîné les premiers moteurs de la
guerre? Savent-ils tout ce qu'ils peuvent compromettre si le succès ne répond pas à leurs
désirs ?

C'est parce que les esprits pénètrent avec
horreur les conséquences possibles de cette
guerre, qu'on n'y croit pas , bien qu'elle de-
vienne chaque jour plus imminente. En effet,
si l'Espagne doit être la cause d'un nouvel em-
brasement en Europe, il sera permis jusqu'au
dernier moment d'espérer que les souverains
s'entendront pour éviter un premier éclat dont
les suites seroient incalculables. Dans les
guerres de principes ou d'opinions, quelquefois on ne sait pas où l'on va ; quelquefois
aussi on ne le sait que trop bien ; et si l'Angleterre étoit conduite à se mettre à la tête

des principes ou des opinions favorables à
l'indépendance des nations, la contagion morale s'étendroit d'autant plus vite, que tout le
monde saisiroit de suite quel est le but, quels
sont les moyens. Qu'on pèse bien les paroles,
on trouvera que toutes les conversations sont
d'accord sur ce point, qu'il faut qu'on laisse
le débat militaire entre la France et l'Espagne,
ou que l'Europe entière s'en mêle. Eh bien,
il est une vérité que savent les hommes qui ne
sont pas étrangers à la politique, c'est que si le
débat avoit pu se renfermer entre la France
et l'Espagne, on n'en auroit pas plus parlé
en 1822 et 1823, qu'on n'en parloit en 1820
et 1821. Dans la dernière session, les royalistes
les plus ardens se bornèrent à offrir des fonds
pour secourir la misère des royalistes espagnols
réfugiés en France ; ce n'étoit qu'un appel à
l'humanité de la nation française. Il y a eu un
congrès depuis, et nous voyons le chemin qu'on
a fait (1).

_____

(1) Quoique nous ayons fait bien du chemin depuis le
congrès de Vérone, puisque nous avons été à Cadix,
le débat ne peut pas plus se renfermer entre la France
et l'Espagne, qu'avant la guerre et nos victoires. C'est
qu'il y a, dans ce débat, une cause générale qu'on peut
bien écarter pour un moment, mais qui se reproduit par

Personne ne peut donc affirmer si la guerre se fera ou ne se fera pas ; personne ne peut dire s'il reste des moyens de conciliation , et en quelles mains ces moyens se trouveroient ; mais on peut examiner, au moment où on a proclamé pour la première fois la possibilité de la guerre , dans quelle situation étoient les puissances qui interviennent jusqu'ici dans les débats relatifs à l'Espagne , et ce qu'elles ont perdu ou gagné avant le commencement des hostilités.

S'il n'y avoit pas eu de fièvre jaune en Es-pagne, nous n'aurions pas établi de cordon sanitaire ; et s'il y avoit pas eu un cordon sanitaire sur les frontières d'Espagne , nous n'aurions pas pu dire que nous en avions fait une armée d'observation. On ne croira jamais l'illusion que le mot *armée* a produite sur les hommes qui, loin des affaires depuis trente

---

la force même des choses. Il semble que l'univers soit devenu trop petit pour contenir deux puissances et plu-sieurs degrés de civilisation ; et ce qu'il y a de singulier dans cette cause générale, malgré la grandeur des inté-rêts qu'elle renferme , c'est que si on en ôtoit les opi-nions pour s'en tenir aux faits, le monde entier rentre-roit dans l'ordre autant qu'il y a toujours été et qu'il peut y être.

ans, n'ont jamais pu juger les choses politiques que par les paroles qui arrivoient à leurs
oreilles. Quand Buonaparte avoit une armée,
il faisoit la guerre; dès que nous avions une
armée, il est clair qu'il falloit faire la guerre ;
et comme notre armée étoit vers les Pyrénées,
c'étoit aux Espagnols qu'il falloit s'attaquer.
L'honneur l'ordonnoit ; et le ministère qui ne
poussoit pas de suite notre armée à Madrid ,
pour délivrer Ferdinand, cessoit d'être un ministère royaliste. Au jugement des hommes
qui voient une armée dès qu'ils en entendent
prononcer le nom, le ministère restera toujours responsable de ne pas avoir commencé
la guerre aussitôt qu'il a eu une armée ; le
succès, assurent-ils, étoit infaillible. Si on
leur demandoit le succès de quoi, ils seroient
fort embarrassés de répondre (1); car ils jugent
l'intérieur de l'Espagne comme ils jugeoient
l'armée d'observation, par les mots. Cependant trois mois se sont bientôt écoulés depuis
que le Roi de France a énuméré les forces
qu'il croyoit nécessaires pour effectuer notre
intervention militaire, et tout le monde sait

_____

(1) Ne peut-on pas encore aujourd'hui, comme alors,
leur demander le succès de quoi?

quel est le nombre des soldats réunis maintenant avec tous les moyens indispensables pour
entrer en campagne. Les lettres qu'on reçoit
à Paris, écrites par des militaires dévoués,
expriment la surprise qu'ils ont éprouvée en
arrivant sur les frontières; et cette surprise se
communique parmi tous ceux qui avoient pris
l'armée d'observation pour une armée, et qui
croyoient apparemment qu'on alloit former
une armée de cent mille hommes, qui étoit
déjà formée.

Cette pétulance des esprits, qui précéda le
congrès de Vérone, mit la discussion de la
paix et de la guerre à la merci des journaux,
bien avant que le gouvernement français eût
pu prendre une résolution fixe ; ce fut un
malheur. Le parti guerrier et le parti pacifique étant formés dans les salons et dans la
Chambre, le ministère se vit comme obligé
de se prononcer dans le discours du trône;
inconvénient fort grave, puisque l'Espagne,
l'Angleterre furent mises dans la confidence
de nos projets, avant qu'ils fussent suffisam-
ment arrêtés. L'usage de tous les cabinets a
toujours été de laisser de l'incertitude sur leurs
desseins, jusqu'au moment où ils ont les
moyens de les accomplir; et quoique tout se

devine à peu près entre les gouvernemens, il
y a cependant une grande différence, pour les
conséquences et la possibilité des négociations, entre une déclaration faite publiquement et les explications diplomatiques qui
peuvent naître sur des projets seulement soup-
çonnés. Mais les exaltados monarchiques
avoient décidé que leur politique ne ressembleroit à rien, parce qu'elle ne reposoit que
sur des sentimens. Ils ont fait comme ils
avoient dit. L'Angleterre ayant agi comme
une puissance calme, qui ne livre ses secrets
et ses paroles que selon le besoin, ils affirment
qu'ils ne comprennent rien à la conduite de
l'Angleterre. Cela est croyable (1).

_____

(1) Ils peuvent comprendre aujourd'hui que l'Angleterre consentoit à ce que nous affoiblissions le mouvement de notre prospérité en portant la guerre en Espagne, à condition que, pendant ce temps, elle augmen
teroit ses moyens de prospérité par ses liaisons avec
l'Amérique méridionale, en restant maîtresse de les as-
surer au besoin par sa conduite envers le roi d'Espagne.
Il n'y a rien eu de hasardé dans tout ceci de la part du
cabinet de Londres, pas même une parole ; et nous, combien de fois et en combien de manières n'avons-nous pas
expliqué les motifs de notre intervention, qui n'est devenue inexplicable pour notre ministère qu'au moment
où elle a été couronnée par la victoire ?

Les paroles guerrières qui se trouvent dans le discours du Roi furent une concession faite au parti de la guerre; elles lui donnèrent une force qui n'étoit pas en lui, et jetèrent de profondes appréhensions parmi les nombreux partisans de la paix. Les esprits s'aigrirent. L'événement restant suspendu nécessairement jusqu'à la formation et la réunion d'une armée véritable, le ministère se vit plus d'une fois réduit à donner des explications, à livrer le secret de ses espérances; et ses espérances et ses explications variérent par des circonstances indépendantes de lui, ce qui lui fit tort. Cependant cela arrive toujours ainsi par l'effet des négociations et des intrigues secrètes qui précèdent ordinairement les hostilités; mais le public l'ignore tant que les débats restent entre les cabinets. Chez nous, tout étoit à découvert; et notre politique extérieure, pompeusement portée à la tribune, devint, en France comme en Europe, une affaire de parti, un objet de critique, un éveil à tous les intérêts comme à toutes les passions. Une déclaration publique de nos volontés et de nos desseins nous ôtoit donc beaucoup de liberté dans les négociations; en nous forçant à nous retrancher dans l'honneur de soutenir les engage-

mens que nous avions pris avec nous-mêmes,
elle nous gênoit, sans pouvoir être d'aucune
considération auprès des puissances qui alloient au positif des affaires, indépendamment
des paroles qu'il nous avoit plu de dire tout
haut.

On motivoit le discours du trône, en disant qu'il forceroit le parti des Cortès à mettre plus de modération dans sa conduite, et
qu'il amèneroit des changemens dans la constitution ; on annonçoit que ce parti reculeroit
devant des menaces sérieuses et la retraite des
ambassadeurs. On sait l'événement. La guerre
civile a pris plus d'activité ; les royalistes
espagnols ont éprouvé des défaites sanglantes ;
ils se sont divisés entre eux. Les Cortès ont
des troupes qui se sont plusieurs fois pré-
sentées au combat, et qui ont été victorieu-
ses, des chefs qui ont pris l'habitude du com-
mandement et acquis de la confiance ; les
Portugais se sont prononcés pour une cause
qu'ils ont déclarée être la leur. Tout cela n'est
pas considérable sans doute ; mais rien de cela
n'étoit quand on a parlé d'hostilités, et n'exis-
teroit au même degré si on n'en avoit point
parlé trop tôt, et d'une manière si solennelle.
C'est ce que je voulois faire remarquer, en

examinant les changemens qui se sont opérés,
d'un côté comme de l'autre, depuis que la probabilité de la guerre est devenue un objet de
discussion publique.

Nous avons espéré qu'un mouvement intérieur s'opéreroit à Madrid, et rendroit à Ferdinand la liberté dont il a besoin pour exercer
le pouvoir qui lui est confié; deux mouvemens
ont eu lieu à Madrid, et nous avouons que
Ferdinand a *complétement* perdu sa liberté.
N'est-ce pas convenir qu'il en avoit encore un
peu avant les témoignages d'intérêt armés que
nous avons donnés à ses malheurs? Nous avons
annoncé que la ville de Madrid ne souffriroit
pas le départ de Ferdinand, ou bien que l'ambassadeur anglais s'éloigneroit comme avoient
fait les autres ambassadeurs. Ferdinand quit-
tera Madrid, et l'ambassadeur anglais restera
en Espagne.

Je fais des vœux bien sincères pour qu'il ne
s'éloigne pas; car je ne comprends pas assez la
politique de sentimens pour m'unir à ceux qui
disent : « Qu'importe le Roi, si on sauve la
royauté! » Je suis né trop bourgeois pour
saisir ce qu'il y a de sublime dans cette distinction; et je me rappelle le temps où, nous
autres Français de l'intérieur, nous aurions

donné notre vie pour sauver la personne de
Louis XVI, où nous aurions peut-être cru, un
moment, à la possibilité de la république, si
elle avoit commencé par cet acte de justice.
Dans la nécessité où se trouvèrent les Cortès
de gouverner en présence de Ferdinand comme
s'il étoit absent, le Roi devenoit embarras-
sant; j'en ai déjà fait l'observation; mais depuis les actes de la régence d'Urgel, et surtout
depuis notre proclamation d'intervention armée, le Roi étoit devenu menaçant, quoique
toujours au pouvoir de ceux qui avoient à
le redouter. Cette situation est terrible; et
l'histoire a consigné les affreux résultats
qu'elle amène. Par la position de l'Angleterre,
Charles Ier. est mort isolé de l'Europe; la France
se sentit assez forte pour rompre toutes ses
alliances, et Louis XVI mourut isolé. En voyant
les ambassadeurs des rois s'éloigner au moment où la situation de Ferdinand s'aggra-
voit, je me suis dit qu'il étoit impossible qu'un
régicide eût lieu tant qu'un Roi conserveroit
auprès de lui des preuves d'alliance en Europe
avec les puissances monarchiques; et quoique
j'aie la conviction que Dieu éloignera du cœur
des Espagnols toute pensée d'un aussi grand
crime, j'ai désiré que l'ambassadeur anglais

restât auprès du Roi d'Espagne. Si j'ai eu tort,
je suis loin de m'en repentir; et j'en appelle à
l'événement.

Depuis l'annonce publique de notre intervention armée, il est donc incontestable que
la position malheureuse de Ferdinand s'est
aggravée; que nous n'avons pu ôter la direction de la révolution des mains de ceux qui
l'ont faite, quoique nous n'eussions pas été
difficiles sur les moyens d'arriver à ce but ;
que le parti des Cortès a pris de la force, de
l'audace; qu'il s'est montré capable de prévoyance et de combinaisons; qu'il peut compter
sur une alliance publique avec le Portugal ;
qu'il est assuré de conserver des relations avec
l'Angleterre, ce qui brise le système de la *po-*
litique générale, et rouvre toutes les chances
heureuses qui se trouvent dans la combinaison des politiques nationales (1).

---

(1) Aussitôt que l'Angleterre eut écarté la cause générale qui pouvoit éclater à l'occasion de l'Espagne, et
qu'elle fut assurée que le débat armé se concentreroit
entre ce royaume et la France, elle abandonna les Cortès à leur destinée, et le Portugal fit de même ; mais
quand l'influence à exercer sur le cabinet de Madrid est
rentrée dans la cause générale, le Portugal a reçu de
l'Angleterre une nouvelle direction, parce que c'est de

Pour nous, nos divisions intérieures se sont
accrues ; et ceux qui trouvent que rien ne va selon la promptitude de leurs désirs sèment partout des soupçons, préparent des accusations,
incapables qu'ils sont de comprendre que ce
dont ils se plaignent est le résultat forcé du système imbécile qu'ils ont mis à la mode. En ne
voulant que de bonnes opinions, on finit souvent par être réduit à des gens qui n'ont que cela
de bon, ce qui ne suffit pas pour les affaires,
et moins encore pour celles qui tiennent à la
formation d'une armée. S'il venoit des circonstances difficiles, on apprendroit trop tard
combien il étoit fou de mettre les bonnes ou
les mauvaises opinions entre le choix d'une
poule d'eau ou d'une poule de terre. Il faut
que les nations dorment quand elles en sont
là, car elles ne peuvent plus agir.

A la rigueur, j'aimerois mieux un trapiste

---

là que l'Angleterre peut agir et réagir sur l'Espagne, et
qu'elle ne doit rien négliger pour conserver cette position. Je ne prétends pas plus justifier la politique de
l'Angleterre, que je n'ai voulu accuser celle de la Russie ;
j'expose les motifs de faits qui paroissent contradictoires
et vont cependant au même but. La France seule ne s'est
réservé la liberté d'agir pour aucun événement, et c'est
la faute capitale de notre ministère.

sortant de son couvent pour aller combattre
(du moins il y a action), que des congrégan-
distes et des marguilliers arrêtant le mouvement naturel de la société , et la jetant cependant au milieu des événemens les plus graves.

Nous avons augmenté nos charges finan-
cières , ce qui ne seroit rien , si, en même
temps, nous n'avions arrêté l'activité de notre
industrie. Il y avoit , dans notre prospérité ,
quelque chose de hardi qui tenoit plus de
l'irréflexion que de la confiance, mais qui , en
poussant toutes les classes à la consommation ,
dirigeoit tous les calculs vers la production.
Quand on auroit la certitude que nos préparatifs guerriers ne sont plus utiles pour le moment , et qu'ils sont par conséquent un avantage acquis pour l'avenir , notre industrie ne
retrouveroit pas le mouvement qu'elle a perdu.
Dès qu'on croit que la politique d'un parti a
pu compromettre une fois nos moyens intérieurs de richesses , on restera toujours dans
l'appréhension qu'il ne les compromette de
nouveau. Les conséquences de cette appréhension sont incalculables, puisqu'elles remontent
jusqu'aux intérêts politiques les plus élevés.

Nous ignorons la part que prendroient les
Rois de la Sainte-Alliance dans les suites d'une

intervention armée ; ils ont fait un acte en
retirant leurs ambassadeurs ; le reste est un
mystère enseveli dans les cabinets. Comme
ils n'ont rien proclamé, ils n'ont rien perdu
jusqu'ici, pas même des paroles. Mais nous
savons que l'Angleterre n'admet pas l'intervention armée en principe ; et soit qu'elle
reste aussi neutre qu'elle l'a été depuis la révolution de Cadix, soit qu'elle intervienne
plus directement, comme elle est active dans
nos discussions, nous devons examiner les résultats de la conduite qu'elle a tenue depuis
que ces discussions sont ouvertes.

L'Europe a poussé les Espagnols dans les
bras de l'Angleterre ; l'Angleterre en a profité
pour régler les comptes qu'elle avoit avec l'Espagne, et pour faire un traité qui lui livre le
commerce des possessions coloniales de ce
royaume. L'Angleterre s'est donc assuré du
travail pour ses manufactures, indépendamment des querelles qu'elle peut avoir avec
quelques parties du continent de l'Europe ; et
on sait à Londres que le radicalisme ne court
les rues que lorsqu'il n'a rien de mieux à
faire. Quand les bras sont occupés, ce n'est
plus qu'une opinion. En France, on répète
souvent que le peuple a donné sa démission ;

cela est vrai; il l'a donnée à l'aisance dont il
jouit; et cette aisance avoit ses causes. Si les
causes disparoissent, la disposition tranquille
peut cesser; car la misère met toujours ses
victimes à la disposition des factieux. Les
hommes que l'industrie offense, et qui s'ima-
ginent que les nations pauvres sont plus faciles
à conduire que les nations riches, oublient de
faire une distinction fort importante; savoir
que les peuples pauvres de longue date sont
effectivement dociles au joug, mais qu'il n'en
peut être ainsi de ceux qui tombent de l'aisance dans la pauvreté. Cette réflexion avoit
été offerte à Buonaparte, en lui traçant l'état
misérable où il avoit réduit la Prusse; les événemens l'ont justifiée. Ils justifieront toujours
cette prévoyance, parce qu'elle repose sur la
connoissance du cœur humain, qui ne change
ni par les lieux, ni par les temps. Ne pas faire
de pauvres est la principale condition de la
tranquillité publique dans les pays industrieux;
c'est effectivement le premier calcul que l'Angleterre ait fait. Pour le reste, elle attend, ne
disant chaque jour que ce qu'il faut pour être
entendu, ne faisant que des préparatifs qui ne
seront pas perdus pour l'avenir, et qui suffiront au présent, quelque rapproché qu'on le
suppose.

Si la guerre imminente entre la France et
l'Espagne peut être ou ne paroître pendant
quelque temps qu'une guerre ordinaire (et
c'est ce que notre ministère essaie de prouver),
l'Angleterre gardera la neutralité selon ses
convenances ; tel est le système actuel des
hommes qui restent attachés à ce qu'il y avoit
d'anglais dans la conduite du marquis de Londonderry, et qui consiste à laisser son adver-
saire se faire à lui-même tout le mal qu'il peut
et veut se faire. Si cette guerre ne peut parvenir à effacer sa couleur naturelle, et prend les
caractères d'une guerre de principes, comme
les opinions deviendront alors des armes,
l'Angleterre se mettra à la tête des opinions
favorables à l'indépendance des nations; c'est
le système de M. Canning, système plus sûr,
plus noble que ce qu'on appellera provisoire-
ment de la neutralité. Il y a eu assez de paroles
dites à cet égard pour qu'on ne puisse se faire
d'illusions qu'autant qu'on a besoin d'illusions
pour dormir quelques jours de plus.

C'est à nos ministres qu'il appartient de
prévoir les événemens dans toutes leurs conséquences, avant de lancer la France dans un
avenir où tout peut se perdre. S'ils sont assez
forts pour être maîtres de leur parti, qu'ils

commencent par le soumettre, ils penseront
après à soumettre l'Espagne; car le danger
n'est pas seulement au delà des Pyrénées (1).

---

(1) Les ministres n'ont jamais pensé à soumettre leur
parti, mais à soumettre la France à leur puissance personnelle en servant les passions de tous les partis et les prétentions de toutes les coteries qui pouvoient les aider, ne fût-
ce que momentanément. L'opinion publique qui les re-
pousse, et qu'ils nient, en essayant de la confondre avec
les projets particuliers de ceux qui veulent les remplacer,
est a conséquence 1°. du ressentiment de toutes les classes actives de la société qu'ils ont blessées pendant les élec-
tions, en soumettant l'exercice des droits politiques que
la Charte royale reconnoît dans la propriété, aux agens
soldés de l'administration; 2°. des irrésolutions qu'ils
ont montrées avant la guerre d'Espagne, triste présage
du résultat *politique* qu'elle devoit avoir; 3°. des attaques
dirigées contre la liberté de la presse par l'amortissement
des journaux, par la censure, et par l'achat de procès
scandaleux qui ont conduit le ministère à accuser publiquement la justice des tribunaux, et les tribunaux à se
ranger momentanément du côté de l'opposition, ce qu'on
n'avoit point vu sous les ministères précédens; 4°. de l'é-
trange projet de finances qui tendait à remplacer la foi
publique par l'agiotage le plus effréné. Ils se défendent
en citant en leur faveur le mouvement d'industrie que la
nation ne doit qu'à elle-même, et qui va bientôt trouver
son terme s'il n'est enfin secondé par une administration
qui le comprenne. Lorsque le ministère se prétendoit le

S'ils ne sont pas maîtres de leur parti, qu'ils le disent franchement au Roi, et la France sera rassurée. En dépit de toutes les préventions politiques, il reste une vérité qui prouve la tendance que les gouvernemens constitutionnels ont à s'entendre, c'est que la France et l'Angleterre sont les deux seules puissances qui aient un intérêt réel à ce que l'Espagne ne retombe pas sous le régime du pouvoir absolu. Alors pourquoi et au profit de qui se diviseroient-elles?

---

gouvernement, j'ai imprimé : « La France va malgré qu'on la gouverne, et quoiqu'on l'administre. » Maintenant qu'on n'oseroit nier que le gouvernement ne soit le roi, et le ministère seulement l'administration, on est très-disposé à dire : « La France va parce qu'on la gouverne. » Puisse-t-on ajouter, « et parce qu'on l'administre. » Qu'on réfléchisse bien que si le désir de réparer les malheurs du passé nous conduit à accepter huit ou neuf cents millions de nouvelles charges, il y a nécessité impérieuse à ce que nos moyens de prospérité s'élèvent au niveau de nos besoins. Déjà l'équilibre est rompu ; et la propriété foncière se trouve à la fois sans dignité et sans force pour supporter le fardeau qui l'accable. Où sont les débouchés de l'industrie?

FIN

www.ingramcontent.com/pod-product-compliance
Lightning Source LLC
Chambersburg PA
CBHW071821090426
42737CB00012B/2157